U0074540

心一堂術數古籍珍本叢刊

書名：蔣徒呂相烈傳《幕講度針》附《元空秘斷》《陰陽法竅》《挨星作用》
【原（彩）色本】
系列：心一堂術數古籍珍本叢刊　堪輿類　第二輯　217
作者：【清】呂相烈
主編、責任編輯：陳劍聰
心一堂術數古籍珍本叢刊編校小組：陳劍聰　素聞　鄒偉才　虛白盧主

出版：心一堂有限公司
通訊地址：香港九龍旺角彌敦道六一〇號荷李活商業中心十八樓〇五—〇六室
深港讀者服務中心・中國深圳市羅湖區立新路六號羅湖商業大廈負一層〇〇八室
電話號碼：(852)67150840
網址：publish.sunyata.cc
電郵：sunyatabook@gmail.com
網店：http://book.sunyata.cc
淘寶店地址：https://shop210782774.taobao.com
微店地址：https://weidian.com/s/1212826297
臉書：https://www.facebook.com/sunyatabook
讀者論壇：http://bbs.sunyata.cc/

版次：二零一八年十一月初版
平裝

定價：港幣　六百八十元正
新台幣　兩千六百八十元正
國際書號：ISBN 978-988-8582-04-4

香港發行：香港聯合書刊物流有限公司
地址：香港新界大埔汀麗路36號中華商務印刷大厦3樓
電話號碼：(852)2150-2100
傳真號碼：(852)2407-3062
電郵：info@suplogistics.com.hk

台灣發行：秀威資訊科技股份有限公司
地址：台灣台北市內湖區瑞光路七十六巷六十五號一樓
電話號碼：+886-2-2796-3638
傳真號碼：+886-2-2796-1377
網絡書店：www.bodbooks.com.tw
台灣國家書店讀者服務中心：
地址：台灣台北市中山區松江路二〇九號一樓
電話號碼：+886-2-2518-0207
傳真號碼：+886-2-2518-0778
網絡書店：http://www.govbooks.com.tw

中國大陸發行　零售：深圳心一堂文化傳播有限公司
深圳地址：深圳市羅湖區立新路六號羅湖商業大廈負一層〇〇八室
電話號碼：(86)0755-82224934

心一堂微店二維碼

心一堂淘寶店二維碼

心一堂術數古籍 珍本 整理 叢刊 總序

術數定義

術數，大概可謂以「推算（推演）、預測人（個人、群體、國家等）、事、物、自然現象、時間、空間方位等規律及氣數，並或通過種種『方術』，從而達致趨吉避凶或某種特定目的」之知識體系和方法。

術數類別

我國術數的內容類別，歷代不盡相同，例如《漢書・藝文志》中載，漢代術數有六類：天文、曆譜、五行、蓍龜、雜占、形法。至清代《四庫全書》，術數類則有：數學、占候、相宅相墓、占卜、命書、相書、陰陽五行、雜技術等，其他如《後漢書・方術部》、《藝文類聚・方術部》、《太平御覽・方術部》等，對於術數的分類，皆有差異。古代多把天文、曆譜、及部分數學均歸入術數類，而民間流行亦視傳統醫學作為術數的一環；此外，有些術數與宗教中的方術亦往往難以分開。現代民間則常將各種術數歸納為五大類別：命、卜、相、醫、山，通稱「五術」。

本叢刊在《四庫全書》的分類基礎上，將術數分為九大類別：占筮、星命、相術、堪輿、選擇、三式、讖諱、理數（陰陽五行）、雜術（其他）。而未收天文、曆譜、算術、宗教方術、醫學。

術數思想與發展——從術到學，乃至合道

我國術數是由上古的占星、卜筮、形法等術發展下來的。其中卜筮之術，是歷經夏商周三代而通過「龜卜、蓍筮」得出卜（筮）辭的一種預測（吉凶成敗）術，之後歸納並結集成書，此即現傳之《易

經》。經過春秋戰國至秦漢之際，受到當時諸子百家的影響、儒家的推崇，遂有《易傳》等的出現，原本是卜筮術書的《易經》，被提升及解讀成有包涵「天地之道（理）」之學。因此，《易・繫辭傳》曰：「易與天地準，故能彌綸天地之道。」

漢代以後，易學中的陰陽學說，與五行、九宮、干支、氣運、災變、律曆、卦氣、讖緯、天人感應說等相結合，形成易學中象數系統。而其他原與《易經》本來沒有關係的術數，如占星、形法、選擇，亦漸漸以易理（象數學說）為依歸。《四庫全書・易類小序》云：「術數之興，多在秦漢以後。要其旨，不出乎陰陽五行，生尅制化。實皆《易》之支派，傳以雜說耳。」至此，術數可謂已由「術」發展成「學」。

及至宋代，術數理論與理學中的河圖洛書、太極圖、邵雍先天之學及皇極經世等學說給合，通過術數以演繹理學中「天地中有一太極，萬物中各有一太極」（《朱子語類》）的思想。術數理論不單已發展至十分成熟，而且也從其學理中衍生一些新的方法或理論，如《梅花易數》、《河洛理數》等。

在傳統上，術數功能往往不止於僅僅作為趨吉避凶的方術，及「能彌綸天地之道」的學問，亦有其「修心養性」的功能，「與道合一」（修道）的內涵。《素問・上古天真論》：「上古之人，其知道者，法於陰陽，和於術數。」數之意義，不單是外在的算數、歷數、氣數，而是與理學中同等的「道」、「理」--心性的功能，北宋理氣家邵雍對此多有發揮：「聖人之心，是亦數也」、「萬化萬事生乎心」、「心為太極」。《觀物外篇》：「先天之學，心法也。……蓋天地萬物之理，盡在其中矣，心一而不分，則能應萬物。」反過來說，宋代的術數理論，受到當時理學、佛道及宋易影響，認為心性本質上是等同天地之太極。天地萬物氣數規律，能通過內觀自心而有所感知，即是內心也已具備有術數的推演及預測、感知能力；相傳是邵雍所創之《梅花易數》，便是在這樣的背景下誕生。

《易・文言傳》已有「積善之家，必有餘慶；積不善之家，必有餘殃」之說，至漢代流行的災變說及讖緯說，我國數千年來都認為天災，異常天象（自然現象），皆與一國或一地的施政者失德有關；下至家族、個人之盛衰，也都與一族一人之德行修養有關。因此，我國術數中除了吉凶盛衰理數之外，人心的德行修養，也是趨吉避凶的一個關鍵因素。

術數與宗教、修道

在這種思想之下，我國術數不單只是附屬於巫術或宗教行為的方術，又往往是一種宗教的修煉手段——通過術數，以知陰陽，乃至合陰陽（道）。「其知道者，法於陰陽，和於術數。」例如，「奇門遁甲」術中，即分為「術奇門」與「法奇門」兩大類。「法奇門」中有大量道教中符籙、手印、存想、內煉的內容，是道教內丹外法的一種重要外法修煉體系。甚至在雷法一系的修煉上，亦大量應用了術數內容。此外，相術、堪輿術中也有修煉望氣（氣的形狀、顏色）的方法；堪輿家除了選擇陰陽宅之吉凶外，也有道教中選擇適合修道環境（法、財、侶、地中的地）的方法，以至通過堪輿術觀察天地山川陰陽之氣，亦成為領悟陰陽金丹大道的一途。

易學體系以外的術數與的少數民族的術數

我國術數中，也有不用或不全用易理作為其理論依據的，如揚雄的《太玄》、司馬光的《潛虛》。也有一些占卜法、雜術不屬於《易經》系統，不過對後世影響較少而已。

外來宗教及少數民族中也有不少雖受漢文化影響（如陰陽、五行、二十八宿等學說。）但仍自成系統的術數，如古代的西夏、突厥、吐魯番等占卜及星占術，藏族中有多種藏傳佛教占卜術、苯教占卜術、擇吉術、推命術、相術等；北方少數民族有薩滿教占卜術；不少少數民族如水族、白族、布朗族、佤族、彝族、苗族等，皆有占雞（卦）草卜、雞蛋卜等術，納西族的占星術、占卜術，彝族畢摩的推命術、占卜術……等等，都是屬於《易經》體系以外的術數。相對上，外國傳入的術數以及其理論，對我國術數影響更大。

曆法、推步術與外來術數的影響

我國的術數與曆法的關係非常緊密。早期的術數中，很多是利用星宿或星宿組合的位置（如某星在某州或某宮某度）付予某種吉凶意義，并據之以推演，例如歲星（木星）、月將（某月太陽所躔之宮次）等。不過，由於不同的古代曆法推步的誤差及歲差的問題，若干年後，其術數所用之星辰的位置，已與真實星辰的位置不一樣了；此如歲星（木星），早期的曆法及術數以十二年為一周期（以應地支），與木星真實周期十一點八六年，每幾十年便錯一宮。後來術家又設一「太歲」的假想星體來解決，是歲星運行的相反，週期亦剛好是十二年。而術數中的神煞，很多即是根據太歲的位置而定。又如六壬術中的「月將」，原是立春節氣後太陽躔娵訾之次而稱作「登明亥將」，至宋代，因歲差的關係，要到雨水節氣後太陽才躔娵訾之次，當時沈括提出了修正，但明清時六壬術中「月將」仍然沿用宋代沈括修正的起法沒有再修正。

由於以真實星象周期的推步術是非常繁複，而且古代星象推步術本身亦有不少誤差，大多數術數除依曆書保留了太陽（節氣）、太陰（月相）的簡單宮次計算外，漸漸形成根據干支、日月等的各自起例，以起出其他具有不同含義的眾多假想星象及神煞系統。唐宋以後，我國絕大部分術數都主要沿用這一系統，也出現了不少完全脫離真實星象的術數，如《子平術》、《紫微斗數》、《鐵版神數》等。後來就連一些利用真實星辰位置的術數，如《七政四餘術》及選擇法中的《天星選擇》，也已與假想星象及神煞混合而使用了。

隨着古代外國曆（推步）、術數的傳入，如唐代傳入的印度曆法及術數，元代傳入的回回曆等，其中我國占星術便吸收了印度占星術中羅睺星、計都星等而形成四餘星，又通過阿拉伯占星術而吸收了其中來自希臘、巴比倫占星術的黃道十二宮、四大（四元素）學說（地、水、火、風），並與我國傳統的二十八宿、五行說、神煞系統並存而形成《七政四餘術》。此外，一些術數中的北斗星名，不用我國傳統的星名：天樞、天璇、天璣、天權、玉衡、開陽、搖光，而是使用來自印度梵文所譯的：貪狼、巨門、祿存、文曲、廉貞、武曲、破軍等，此明顯是受到唐代從印度傳入的曆法及占星術所影響。如星命術中的《紫微斗數》及堪輿術中的《撼龍經》等文獻中，其星皆用印度譯名。及至清初《時憲曆》，置閏之法則改用西法「定氣」。清代以後的術數，又作過不少的調整。

此外，我國相術中的面相術、手相術，唐宋之際受印度相術影響頗大，至民國初年，又通過翻譯歐西、日本的相術書籍而大量吸收歐西相術的內容，形成了現代我國坊間流行的新式相術。

陰陽學——術數在古代、官方管理及外國的影響

術數在古代社會中一直扮演着一個非常重要的角色，影響層面不單只是某一階層、某一職業、某一年齡的人，而是上自帝王，下至普通百姓，從出生到死亡，不論是生活上的小事如洗髮、出行等，大事如建房、入伙、出兵等，從個人、家族以至國家，從天文、氣象、地理到人事、軍事，從民俗、學術到宗教，都離不開術數的應用。我國最晚在唐代開始，已把以上術數之學，稱作陰陽（學），行術數者稱陰陽人。（敦煌文書、斯四三二七唐《師師漫語話》：「以下說陰陽人謾語話」，此說法後來傳入日本，今日本人稱行術數者為「陰陽師」）。一直到了清末，欽天監中負責陰陽術數的官員中，以及民間術數之士，仍名陰陽生。

古代政府的中欽天監（司天監），除了負責天文、曆法、輿地之外，亦精通其他如星占、選擇、堪輿等術數，除在皇室人員及朝庭中應用外，也定期頒行日書、修定術數，使民間對於天文、日曆用事吉凶及使用其他術數時，有所依從。

我國古代政府對官方及民間陰陽學及陰陽官員，從其內容、人員的選拔、培訓、認證、考核、律法監管等，都有制度。至明清兩代，其制度更為完善、嚴格。

宋代官學之中，課程中已有陰陽學及其考試的內容。（宋徽宗崇寧三年〔一一零四年〕崇寧算學令：「諸學生習……並曆算、三式、天文書。」「諸試……三式即射覆及預占三日陰陽風雨。天文即預

定一月或一季分野災祥，並以依經備草合問為通。」

金代司天臺，從民間「草澤人」（即民間習術數人士）考試選拔：「其試之制，以《宣明曆》試推步，及《婚書》、《地理新書》試合婚、安葬，並《易》筮法，六壬課、三命、五星之術。」（《金史》卷五十一·志第三十二·選舉一）

元代為進一步加強官方陰陽學對民間的影響、管理、控制及培育，除沿襲宋代、金代在司天監掌管陰陽學及中央的官學陰陽學課程之外，更在地方上增設陰陽學課程（《元史·選舉志一》：「世祖至元二十八年夏六月始置諸路陰陽學。」）地方上也設陰陽學教授員，培育及管轄地方陰陽人。（《元史·選舉志一》：「（元仁宗）延祐初，令陰陽人依儒醫例，於路、府、州設教授員，凡陰陽人皆管轄之，而上屬於太史焉。」）自此，民間的陰陽術士（陰陽人），被納入官方的管轄之下。

至明清兩代，陰陽學制度更為完善。中央欽天監掌管陰陽學，明代地方縣設陰陽學正術，各州設陰陽學典術，各縣設陰陽學訓術。陰陽人從地方陰陽學肆業或被選拔出來後，再送到欽天監考試。（《大明會典》卷二二三：「凡天下府州縣舉到陰陽人堪任正術等官者，俱從吏部送（欽天監），考中，送回選用；不中者發回原籍為民，原保官吏治罪。」）清代大致沿用明制，凡陰陽術數之流，悉歸中央欽天監及地方陰陽官員管理、培訓、認證。至今尚有「紹興府陰陽印」、「東光縣陰陽學記」等明代銅印，及某某縣某某之清代陰陽執照等傳世。

清代欽天監漏刻科對官員要求甚為嚴格。《大清會典》「國子監」規定：「凡算學之教，設肄業生。滿洲十有二人，蒙古、漢軍各六人，於各旗官學內考取。漢十有二人，於舉人、貢監生童內考取。附學生二十四人，由欽天監選送。教以天文演算法諸書，五年學業有成，舉人引見以欽天監博士用，貢監生童以天文生補用。」學生在官學肄業、貢監生肄業或考得舉人後，經過了五年對天文、算法、陰陽學的學習，其中精通陰陽術數者，會送往漏刻科。而在欽天監供職的官員，《大清會典則例》「欽天監」規定：「本監官生三年考核一次，術業精通者，保題升用。不及者，停其升轉，再加學習。如能黽勉供職，即予開復。仍不及者，降職一等，再令學習三年，能習熟者，准予開復，仍不能者，黜退。」除定期考核以定其升用降職外，《大清律例》中對陰陽術士不準確的推斷（妄言禍福）是要治罪的。《大清律例・一七八・術七・妄言禍福》：「凡陰陽術士，不許於大小文武官員之家妄言禍福，違者杖一百。其依經推算星命卜課，不在禁限。」大小文武官員延請的陰陽術士，自然是以欽天監漏刻科官員或地方陰陽官員為主。

官方陰陽學制度也影響鄰國如朝鮮、日本、越南等地，一直到了民國時期，鄰國仍然沿用着我國的多種術數。而我國的漢族術數，在古代甚至影響遍及西夏、突厥、吐蕃、阿拉伯、印度、東南亞諸國。

術數研究

術數在我國古代社會雖然影響深遠，「是傳統中國理念中的一門科學，從傳統的陰陽、五行、九宮、八卦、河圖、洛書等觀念作大自然的研究。……傳統中國的天文學、數學、煉丹術等，要到上世紀中葉始受世界學者肯定。可是，術數還未受到應得的注意。術數在傳統中國科技史、思想史，文化史、社會史，甚至軍事史都有一定的影響。……更進一步了解術數，我們將更能了解中國歷史的全貌。」（何丙郁《術數、天文與醫學中國科技史的新視野》，香港城市大學中國文化中心。）

可是術數至今一直不受正統學界所重視，加上術家藏秘自珍，又揚言天機不可洩漏，「（術數）乃吾國科學與哲學融貫而成一種學說，數千年來傳衍嬗變，或隱或現，全賴一二有心人為之繼續維繫，賴以不絕，其中確有學術上研究之價值，非徒癡人說夢，荒誕不經之謂也。其所以至今不能在科學中成立一種地位者，實有數因。蓋古代士大夫階級目醫卜星相為九流之學，多恥道之；而發明諸大師又故為惝恍迷離之辭，以待後人探索；間有一二賢者有所發明，亦秘莫如深，既恐洩天地之秘，復恐譏為旁門左道，始終不肯公開研究，成立一有系統說明之書籍，貽之後世。故居今日而欲研究此種學術，實一極困難之事。」（民國徐樂吾《子平真詮評註》，方重審序）

現存的術數古籍，除極少數是唐、宋、元的版本外，絕大多數是明、清兩代的版本。其內容也主要是明、清兩代流行的術數，唐宋或以前的術數及其書籍，大部分均已失傳，只能從史料記載、出土文獻、敦煌遺書中稍窺一鱗半爪。

術數版本

坊間術數古籍版本，大多是晚清書坊之翻刻本及民國書賈之重排本，其中豕亥魚魯，或任意增刪，往往文意全非，以至不能卒讀。現今不論是術數愛好者，還是民俗、史學、社會、文化、版本等學術研究者，要想得一常見術數書籍的善本、原版，已經非常困難，更遑論如稿本、鈔本、孤本等珍稀版本。在文獻不足及缺乏善本的情況下，要想對術數的源流、理法、及其影響，作全面深入的研究，幾不可能。

有見及此，本叢刊編校小組經多年努力及多方協助，在海內外搜羅了二十世紀六十年代以前漢文為主的術數類善本、珍本、鈔本、孤本、稿本、批校本等數百種，精選出其中最佳版本，分別輯入兩個系列：

一、心一堂術數古籍珍本叢刊

二、心一堂術數古籍整理叢刊

前者以最新數碼（數位）技術清理、修復珍本原本的版面，更正明顯的錯訛，部分善本更以原色彩色精印，務求更勝原本。并以每百多種珍本、一百二十冊為一輯，分輯出版，以饗讀者。

後者延請、稿約有關專家、學者，以善本、珍本等作底本，參以其他版本，古籍進行審定、校勘、注釋，務求打造一最善版本，方便現代人閱讀、理解、研究等之用。

限於編校小組的水平，版本選擇及考證、文字修正、提要內容等方面，恐有疏漏及舛誤之處，懇請方家不吝指正。

心一堂術數古籍 珍本 / 整理 叢刊編校小組

二零零九年七月序

二零一四年九月第三次修訂

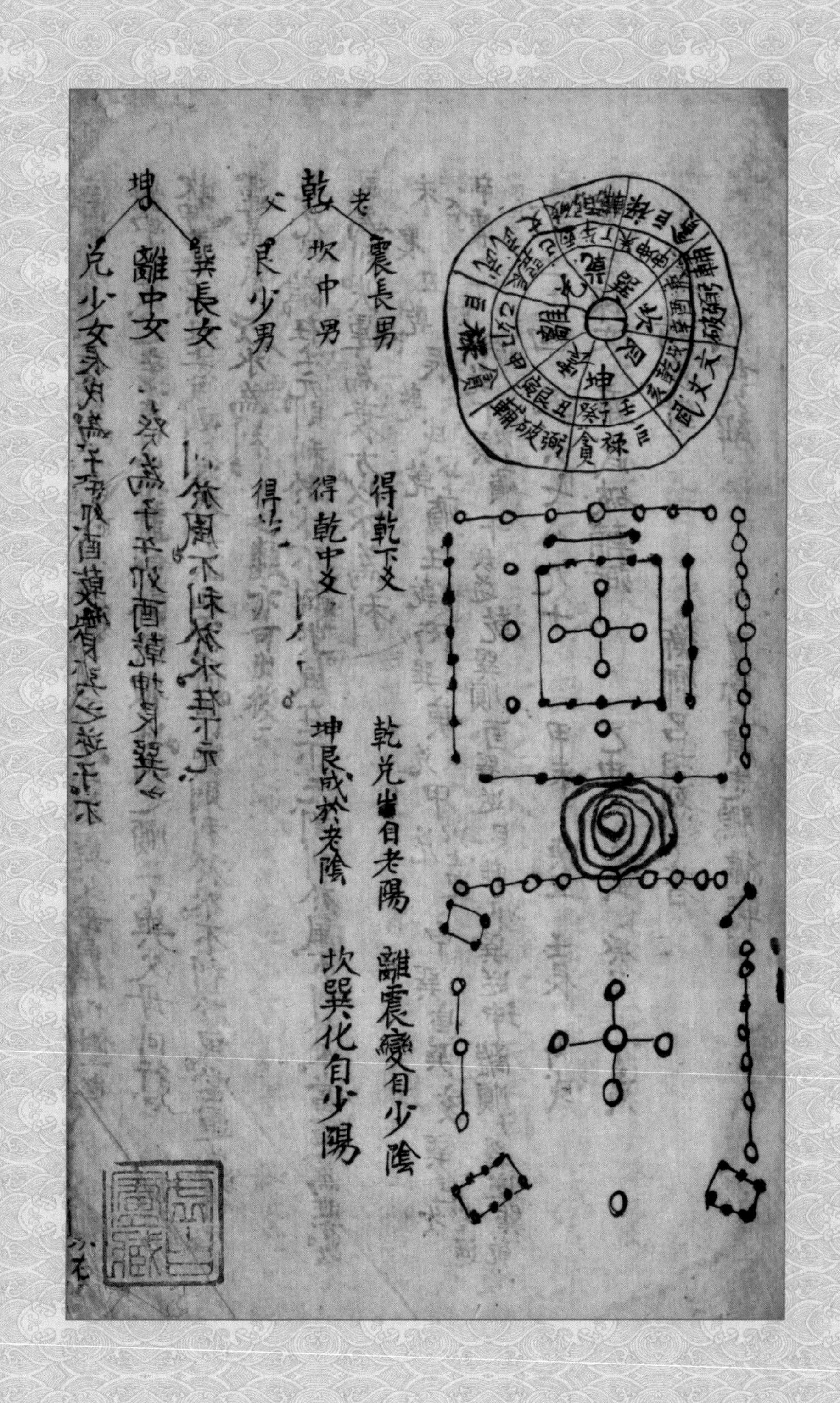

老
乾
父
震長男
坎中男
艮少男
得乾下爻
得乾中爻
坤
巽長女
離中女
兌少女
乾兌出自老陽
坤艮成於老陰
離震變自少陰
坎巽化自少陽

壬丙甲庚。丑未辰戌為子午卯酉乾坤艮巽之逆子。不與父母同行。四個一也。

寅申巳亥、乙辛丁癸為子午卯酉乾坤艮巽之順子、與父母同行、[illegible]巳個二也

坎坤震艮巽、在上元則利於風。不利於水。在下元、則利於水。不利於風。當運為得元。背運為失元。以水為利。

乾兌艮離在上元則利於水不利於風。在下元、則利於風不利於水。當運為界。以風為利。失運為衰方以水為利。

未震　丑乾　辰乾　戌乾　以上順　壬乾　丙巽　庚兌　甲兌　以上逆　申巽　寅巽　亥巽　巳坎　以上逆

辛震　乙坤　癸乾　丁巽　以上順　午坎逆　乾巽順　酉巽逆　艮離　卯巽逆　坤離順　子巽逆　巽乾順

一　二　三　四　五　六　七　八　九　十　　甲未　庚丑　壬辰　丙戌

貪　巨　祿　文　廉　武　破　輔　弼　　乙申　辛寅　癸巳　丁亥

幕講度針　　衡卿呂相烈手著

天機貫解　　翼卿蕭志鵬編輯

巽坤離上巽坤離。山水龍神個個齊。乾震坎中乾震坎。一家骨肉一家宜。兌艮二卦添合位。兩個東來兩個西。此是元空真妙訣。毋庸濫授洩天機。

解曰、先天之巽、在後天之坤、有未坤申三爻。先天之坤、在後天坎。有壬子癸三爻。先天之離、在後天之震、有甲卯乙三爻。此巽離坤三卦之大要也。重言巽坤離者、言祖山、言向、言水城也。以先天之巽、入後天之艮。以先天之坤、入後天之離。以先天之離、入後天之兌。巽入艮。而局上是坤壬乙。子未卯甲癸申也。坤入離。而局上亦坤壬乙。子未卯甲癸申也。離入兌。而局上亦坤壬乙。子未卯甲癸申也。然不但出脈皆巽坤離。而剝換之龍。亦不脫巽坤離。又不僅言龍與向。而水之來去。亦在巽坤離也。蓋後天之艮山坤向。則坤水要出先天之離。亦可出後天之坎。後天之午山子向。則子水要出先天之兌。亦可出後天之坤。後天之兌山震向。則震水要出先天之巽。亦可出後天之乾。是龍亦巽坤離。故曰山水龍神個個齊也。此下元之局。

先天之乾。在後天之離。有丙午丁三爻。先天之震。在後天之艮。有丑艮寅三爻。先天之坎。在後天之兑。有庚酉辛三爻。此乾震坎三卦之大要也。重言乾震坎者。言祖山、言高言水城也、以先天之乾、入後天之坎、先天之震、入後天之坤、先天之坎、入後天之震、乾、入坎則局上是丙辛、午酉丑、寅庚丁、震入坤。則局上亦艮丙辛、午酉丑、寅庚丁、坎入震則局上亦艮丙辛、午酉丑、寅庚丁也。然不但出脉皆乾震坎、而剥換之龍。亦不脱乾震坎。又不僅言龍與向。而水之來去。亦在乾震坎也。蓋後天之子山午向。則午水要出後天之乾。亦可出先天之震。後天之坤山艮向。則艮水要出後天之兑。亦可出先天之乾。後天之卯山酉向。則酉水要出先天之震。亦可出後天之乾。是龍亦乾震坎。向亦乾震坎。水亦乾震坎。故曰一家骨肉一家宜也。此上元之局。

先天之兑。即後天之巽。巽非艮龍不貴。先天之艮。即後天之乾。乾非兑龍不尊。其曰添合位。又曰兩個東來兩個西者。以巽分東卦。內有申子辰一局、巳酉丑一局、乾分西卦。內有寅午戌一局、亥卯未一局、故曰三合兩個東來兩個西也。巽水當令則巽水要出後天之坎亦可出先天之離。乾水當令則乾水要出後天之離亦可出先天之坎。巳向則龍可合酉丑、辰向則龍可合申子、亥向則龍可合卯未戌向則龍可合寅午。水城亦按乾巽兩卦配之此中元之局、

坎坤震巽四卦山水統訣

坎宮貪狼管局、而壬子癸三山有貪巨祿三星存焉。如乾祖出脉剥換辛艮轉丑戌入壬結穴者是壬山丙向、丙水朝揖。而合艮丙辛之局矣。夫艮丙辛三位乃挨破軍也。似與上元之星不合。不知山龍起挨在山不在水也。從艮丙辛之破軍於山輪起。順挨至丙上乃是巨門、豈非上元之令星輪在水上乎。此坎宮壬山之大局也。若子山午向之局、則龍是酉丑而合午酉丑之右弼起挨。而文曲在向上。癸山丁向之局則龍是寅庚。而合寅庚丁之左輔起挨。而祿存在向上此坎宮之全局也、

坤宮巨門管局、而未坤申三山。又有貪巨祿三星存焉。如貪巨震祖出脉剥換

輔

酉午轉丙庚入未結穴者、是未山丑向、丑水朝揖、而合午酉丑之局矣、夫午酉丑三位、乃挨弼星也、從午酉丑之右弼逆挨至丑上。乃是文曲。蓋文曲亦東四卦之通令也、豈非仍是卦內之吉星乎、此坤宮未山丑向之一局也、若坤山艮向之局、則龍是丙辛、合艮丙辛之破軍起挨。而巨門向上。申山寅向之局則龍是庚丁合庚寅丁之左轉起挨。而祿存在向上。此坤宮之全局也。

震宮祿存管局、而甲卯乙三山。又有貪巨祿三星存焉。如坎祖出脈。剝換寅丁。轉丑辰入甲結穴者。是甲山庚向。庚水朝揖。而合寅庚丁之局矣。夫寅庚丁三位。乃挨左輔也。從寅庚丁之左輔順挨至庚上。乃是祿存。豈非本宮之一當令星在向上乎。此震宮甲山庚向之一局也。若卯山酉向之局。則龍是丑午。合午酉丑之右弼起挨。而文曲在向上。乙山辛向之局。則龍是丙艮。合艮丙辛之破軍起挨。而巨門在向上。此震宮之全局也。

巽宮文曲管局。而辰巽巳三山、又有文武二星存焉。分司者不必拘定。如巽山乾向、則取乾艮離之局，蓋乾乃先天之艮，離乃先天之乾，而取艮祖出脉入巽者，以乾亦艮也，而合艮乾離之一氣也，合先後天相見為一家骨肉也。故先師作巽山乾向收乾水者，必要艮祖起龍，轉離入巽，則本宮既得三十年正運，而格局又合乾艮離，一家血脉相通，而向上水之，又須不見坎流，此巽山乾向之大局也。若辰山戌向，要剝換寅午戌之龍，入丙收向上戌水，合寅午之局，即是大格，不必拘拘於文曲也。若巳山亥向，則又欲艮寅祖轉卯峽，剝換未丁，入巳結穴，收亥水，合亥卯未之局，即是大地，亦不必拘拘於武曲也。此巽宮三山之全局，不可拘合挨星之法也。解曰：東卦之巽，西卦之乾，一附上元，一附下元，附上元之巽，甲子甲戌甲申，三十年，同坎坤震，巽大旺九十年，故一二三四當令，取六七八九配之；若取六七八九當令，又取一二三四之水以配之。若正神在山，零神得位，則發福靡涯；若當令在水，零神在山，則貽禍不淺矣。

乾兌艮離四卦山水統訣

乾宮武曲管局，而戌乾亥三山，又有文武二星存焉。如兌祖出脉，剝換坎坤，轉入

乾結穴是乾山巽向巽水朝揖合巽坤坎之大局不必換文亦不必換武如庚祖
出脉剥換申子轉庚壬峽入戌結穴者是戌山辰向辰水朝揖局合申子辰
但此中元六山無星局不須拘換如辛祖出脉剥換酉丑轉辛癸入亥
結穴者是亥山巳向巳水朝揖局合巳酉丑矣又何必拘拘於換文而換
武乎此戌乾亥三山之局當六白時富貴無疑
兑宮破軍管局而庚酉辛三山有破輔弼存焉如離祖出脉剥換
癸申轉未戌入庚結穴者是庚山甲向甲水拱朝局合甲癸申夫甲癸申
乃換貪狼也將貪狼從山上輪起順換至甲上乃是武曲豈非仍是酉卦
之令星乎離祖屬下元旺龍剥換癸申屬上元龍脉庚脉到穴而向換武
又是中元令星龍向水則合上中下三元此三元得位地也即歷三元之久亦不敗矣
若酉山卯向之局則離祖剥換必須子未合子未卯之祿存起換則輔星到
向辛山乙向之局則是丁祖剥坤壬合坤壬乙之巨門起換則破軍到向此

替

兑宮三山之全局也。

艮宮左輔管局。而丑寅(艮)三山有破輔弼存焉。如巽祖出脉。剥換子卯。轉壬甲峽入丑結穴者。是丑山未向。未水拱朝。局合子未卯。夫子未卯乃挨祿存也。將祿存從山上輪起。逆挨至未上乃是輔。(右)豈非仍是酉卦之令星乎。夫祖剥換之龍雖屬上元。而到頭是丑。向上之是(星)輔。向上是未。並不離下。亦不離兑。不但下元大發。即三元之久。亦無衰(替)。若艮山坤向之局。則巽祖剥換之脉。必須壬乙。合坤壬乙之巨門起挨。而破軍在向上。寅山申向之局。則巽祖剥換之龍。必須甲癸申之貪狼起

> 寅山申向之局則巽祖剥換之龍必須甲癸合甲癸申貪狼起挨而武曲在向上

而武曲在向上。此艮宮三山之全局也

離宮右弼管局。而丙午丁三山、又有破輔弼三星存焉。如坤出脉。剥換坤乙轉辰未。入丙結穴者。是丙山壬向。壬水拱朝。局合坤壬乙。夫坤壬乙乃挨巨門也。將坤壬乙之巨門從山上輪起。順挨至壬上乃是破軍。豈非本元之令(星)輪在水上乎。雖大祖與剥換之龍。非離宮旺令。而入脉之丙、與向水是壬、得陰陽交媾之妙。又無乾艮

水夾雜、豈僅下元大發、即歷東卦之令運、亦不敗矣、若午山子向之局、坤祖剝換之龍、必須卯未合子未卯之祿存起換、而左輔在向上。丁山癸向之局、申龍剝換之脈、必須甲申合甲癸申之貪狼起換、而武曲在向上、此離宮三山之全局也。

解曰：以上八山、分列東西二卦、東卦當令、則入脈要合東卦之龍、乃云旺龍、而向要取西卦之水、乃云吉水。若東卦當令、混東卦之水、必主退敗。西卦當令、則入脈要合西卦之龍、乃云旺龍、向上要收東卦之水、乃云吉水。又（若西卦當令）混西卦之水、亦主退敗。龍水不合元、而朝揖明堂、縱委曲有情、亦主退敗。然有西卦之運、莫奏東卦之山、似屬不合、却穴前能深東卦之水、掩映穴心、在西卦時亦發、但不能久耳。東卦之運亦然、故東山東水有時發於西運、西山西水有時發於東運也。

地理之道、相陰陽以明其理者也。要有星體巒頭、要得卦爻理氣、至龍之祖起入脈、及剝換過峽脫胎、總要成一家骨肉、合局立向、合水入格、斯可云吉。切忌卦外之龍、夾雜破局。如坎之必需乾氣來龍、坤之必需震氣來龍。震艮之必需坎氣來龍。以合先後天一氣。所謂先之龍。配後天之向。然坤震三卦出脉。既已得氣。又剥換之局。或成艮丙辛。或成寅庚丁。或成午酉丑。各因其局以取之。知兌之必需離氣來龍。離之必需坤氣來龍。艮之必需巽氣來龍。取何先天之位為龍。亦謂之倒排父母。然兌艮離三卦。既已出脉得氣。又要剥換之局不混。或成甲癸申。或成坤壬乙。或成子未卯。各用其局以裁之。至於乾巽二卦。一分在東。一分在西。各管三十年。但合大格。必須巽坤坎乾艮離。而戌山則要申子之龍。亥山則要酉丑之龍。辰山則取寅午之龍。巳山則取卯未之龍。方為上局。然天造地設。殊難多得。若非種德之家。不能獲也。得傳者寶之。慎勿輕洩。

堪輿萬卷失真編。祇有玉函經正傳。無極演成掌上訣。中陽撰就秘中篇。山原水國元關竅。陰宅陽宅妙竅全。禍福吉凶任訣占。真機與語謾輕傳。得訣如忘師戒誓。定遭雷擊入黃泉。

先天河圖

天一生水。地六成之。水為北方。故天之一在北。即地之六亦在北。天一當令為正神。即取地六之正神以助之。地六當令為正神。即取天一之正神以助之。而取洛書方位。對面之九與四為零神。以為一六共宗。

地二生火。天七成之。火在南方。故地之二在南。即天之七亦在南。地二當令為正神。即取天七之正神以助之。天七當令為正神。即取地二之正神以助之。而取洛書方位對面之八與三為零神。以為二七同道。

天三生木。地八成之。木在東方。故天之三在東。即地之八亦在東。天三當令為正神。即取地八之正神以助之。地八當令為正神。即取天三正神以助之。而取洛書方位對面之七與二為零神。以三八為朋。

地四生金。天九成之。金在西方。故地之四在西。即天之九亦在西。地四當令為正神。即取天九之正神以助之。天九當令為正神。即取地四之正神以助之。而洛書方位對面之六與一為零神。以為四九為友。
天五生土。地十成之。土居中央。故天五在中。地十亦在中。為皇極。寄旺於四方。為樞紐、
維繫於八風。是謂五十居中。
三運元運。本於河圖。以天一地二、天三為上元。地四天五、地六、為中元。天七地八、天九、
為下元。地十與天五同在中宮。一生一成相為經緯。成者為正生即為催。生者為
正成即為催。一生一成為正運。取其實理入穴。所謂顛顛倒也。

後天洛書

天一生水。故北方之天一為元首。即一白坎當令。一六共宗。西北方之六白乾。即為照神。
地二生火。故地二為上元。第二運。即二黑坤當令。二七同道。正西方之七赤兌。即為照神。
天三生木。故天三為上元第三運。即三碧震當令。三八為朋。東北方之八白艮。即為照神。
地四生金。故地四為中元首運。即四綠巽當令。四九為友。正南方之九紫離。即為照神。
五十居中。寄旺不必論也。

地六成之故地六為中元運即六白乾當令一六共宗正北方之一白坎即為照神

天七成之故天七為下元首運即七赤兌當令二七同道西南方之二黑坤即為照神

地八成之故地八為下元中運即八白艮當令三八為朋正東方之三碧震即為照神

天九成之故天九為下元末運即九紫離當令四九為友東南方之四綠巽即為照神

先天後天元運精義

本元本運為生龍催運為旺龍本元本交催正之運為平龍出元當煞為煞龍催煞之運為死龍未來催煞為正煞者為囚龍如上元一白當令顛倒輪之離水為正吉坎水為正煞以一六共宗仍以四六顛倒輪之六白乾水為正吉四綠為催煞兌水艮水為平龍坤水震長水為囚龍餘以例推大約上元四吉乾兌艮離之水四凶坎坤震巽之水下元四吉坎坤震巽之水四凶乾兌艮離之水

生成催正之例

如坎山必用離水以坎乃落書之一離乃落書之九一對九成十合天心十道即先天河

圖天地定位。又水須出乾者。乃天一生水。乾之地六成之山。為正。水為催。此即生者為正。成者為催。（謂之一六共宗。）又如艮山必取坤水。以艮乃洛書之八。坤乃洛書之二。二對成十。合天心十道。即先天河圖風雷相搏。又水須出震者。艮乃地八成之。震為天三生木。山為正。水為催。此即成者為正。生者為催。謂之三八為朋。（餘以類推）

山上龍神倒排父母挨山非挨水

坤壬乙。巨門從頭出。丙山壬。艮山坤。辛山乙。甲癸申。貪狼一路行。庚山甲。癸山丁。寅山申。子未卯。一三祿存倒。午山子。丑山未。酉山卯。此七八九之局。下元管事。艮丙辛。位位是破軍。坤山艮。壬山丙。乙山辛。寅庚丁。一例作輔星。申山寅。甲山庚。癸山丁。午酉丑。右弼七八九。子山午。卯山酉。未山丑。此三三局。上元管事。辰巽亥。盡是武曲位。戌山辰。乾山巽。巳山亥。戌乾巳。文曲相連次。辰山戌。巽山乾。亥山巳。此四六之局。中元管事。但此六十年。與上下元不同。以甲子、甲戌、甲申、三十年。分在上元之末。以甲午、甲辰、甲寅、三十年。分在下元之首。既分入上下元。則各有當令。　凡換山。有有水之山。亦有無水之山。有水者、換山而兼換水。無水則專換山可也。

水裏龍神

坤壬乙。甲癸申。子未卯三局。城門均在坎坤震巽之卦。此七八九城門之法。乃下元六十年正變之城門。

貪巨武

艮丙辛。寅庚丁。午酉丑三局。城門均在乾兌艮離之卦。此一二三城門之法乃上元六十年正變之城。

武破弼

戌乾巳。辰巽亥二局。城門在坎震離兌之卦。乃與城門之法中元六十年正變之城門。

貪巨破弼

水上換星。有卦內之水。有卦外之水。須宜分別。又有水入本卦之城門。更有水入本卦之外城門此等雜氣水神門路並不可用若龍向皆合零神又合獨城門不合本卦亦不取然龍穴亦有向去水結者即以所向之去水為城門逆挨但去須防傾瀉若有關鎖在面前亦好與朝水同斷不得以去水棄之也

挨水起例　陽順陰逆去水之父母挨至坐上來水之父母挨至向上

陽順陰逆倒排父母於坐山逐一挨到向陽從左手轉陰從右手轉

貪巨祿文武破輔弼　一二三四六七八九

元空秘斷　海閣山人輯

不知來路焉知入路盤中八卦皆空　凡看龍必先於峽上以羅經格之龍自何家出脈節節格定則知脈從何家入穴若不知龍自何來又不知脈自何入故盤中八卦皆空而無用也

不識內堂焉知外堂局內五行盡錯　凡立穴必看龍氣所止之處而與外來所受之氣及水之來去均在一卦之內若不知穴前內氣之所止則不知堂前

外氣之所凝。則龍之來路入脉。與水之來去。俱非一卦之內。而所用之五行。必非元空大卦之五行。一錯則皆錯矣。內堂面前小水所聚外堂案外之堂大水所會定局以內堂為主

一天星斗運用只在中央。千瓣蓮花結實由於根蒂。九宮挨星還中宮而定八方生旺之運

四語喻地理體用之妙。中央即元空也。乘氣脫氣轉禍福於指掌之間。右挨左挨。辨吉凶於毫芒之際。此言扦穴也。天之生氣嘗在地中。乘則得氣。脫則離氣。惟得真傳實授者。一見瞭然。挨言九星也。

夫婦相逢於道路。猶嫌隔水不通情。龍形剥換只在一卦之內。故曰夫婦相逢。若雜外卦。猶隔水不通情也。此以八卦之卦非以三卦之卦

兒女盡屬夫門庭。最忌傾劣非孝友。兒女者子息也。卦以中爻為父母兩旁為子息。有順子。有逆子。順子要在順子之內。逆子要在逆子之內。若雜他卦。則傾劣而非孝友一家之人矣。

山風值而泉石膏肓。午酉逢而江湖花柳。如坤山艮向。或遇巽風。艮土卑弱。被巽

木尅制。主出人寂寞。故有膏肓泉石之象。午酉相逢。如子山午向。或逢酉水。卯山酉向。或逢午水。午乃離位。離為中女。酉乃兌位。兌為少女。兩美相逢。難免治容。

卦爻錯亂。異姓同居。如乙辛丁癸。兼辰丑未。坎坤震巽。雜乾兌艮離之類。

吉凶相並。螟蛉為嗣。 上元離水雜坎。乾雜巽。下元乾兌艮離旺氣。雜坎坤震巽煞氣等類。 上元一屋四水九。屋六水。下元一屋四九氣。四屋六一氣。

我生之而反被其殃。緣產難而致死。必主產厄。

我尅之而反受其患。因囹圄而得財。 如坎水尅離火。離氣乘旺。則能涵育坎水。故反蒙其惠。 上元九屋六氣 六屋三水 三屋二水 下元反是

兌位明堂破。震主吐血之災。 上元三四屋六七氣七屋三水 下元三四水六七氣三屋七水

兌為先天之坎。震乃先天之離。坎為血卦。離為火燥。明堂破爛。直流冲射。故主吐血。

巽宮水路纏乾。為弔樑之厄。 上元六七屋受四水六氣 下元一六屋受四氣六水

巽為繩直。乾為首。若水路不整齊。細水如繩索纏過乾方。故主此凶。

兩局相鬥。必生孽子。上元四九二氣到、三八氣到、二水七氣、下元六氣、下元九水四氣、水三氣、七水二氣皆是

兩局者。龍局、堂局也。

單龍結穴。主定獨夫。龍若孤單、雖局好穴好、定不發丁。

午丁逢子癸。乃孕喜生男。中男中女正配、又得双卦並至、正是父母帶子息、故有發丁之兆。

天市合坤申。富擬敵國。天市星、名唐時在艮寅方。坤申山。上元艮寅水。下元坤申水。

艮寅山。主發富。

貴比王謝。總緣喬木扶蘇。震艮巽得令也。富比陶朱。定是鎌金堆積。

乾兌得令也。四生有合。人文蔚起。上元一二三四氣　六七八九水　下元　六七八九氣　一二三四水

四墓無冲。田宅裕饒。上元戌丑水未辰氣　下元未辰水戌丑氣

丑未換局。必出僧尼。上元宜未局而得丑、下元宜丑局而得未、故曰換局、陰土獨孤、故主出僧尼。

震巽失宮，定多賊丐。上元三四木，八九氣；下元三四氣，八九水。

陰邪湍地，咸君平，紅粉場中快樂。如穴上見巽坤兌離四水雜入，多好色之徒。

火曜連珠相值，青雲路上逍遙。平地連珠之脉，本為貴氣，又在離上，安有不逍遥於青雲之路也。

遇正配而一交，有夢蘭之慶。如中男配中女，少男配少女之類。

八卦正配者，乾坎艮震之陽山，配巽離坤兌之陰水；巽離坤兌之陰山，配乾坎艮震之陽水。此山與水相對也。陰陽交媾者，如坎卦之山，要離卦之水，離為中女，乃天九之位，要水出乾，乾為老父，乃地六之位；或出艮，艮為少男，乃地八之位。此天地合而陰陽配，男女而夫婦交媾也。若出震，震雖長男，女可配奈，震係天三之位，天與天交，則純陽不化也。若出巽，巽為長女；出坤，坤為老母；出兌，兌為少女，女與女對，又純陰不生也。如坤卦之山，要艮卦之水，艮為少男，乃地八之位，要水出兌，兌為少女，乃天七之位；或出離，離為中女，乃天九之位。此天地合而陰陽配，男女合而夫婦交媾也。若出巽。巽雖長女。男女可配。奈巽係地四之位。地與地交。則純陰不生也。若出震。震為長男。出坎為中男。出乾。乾為老父。男與男對。又純陽不化也。此河圖配元空之水法。舉坎坤二卦。餘可例推。

得干神之双至。多折桂之英。

双至四一同宮。陽宅到向。陰宅到穴。

非類相從。家多淫亂。

上元四屋見坎水。一屋見四水。下元八屋見七水。四屋見九水。

上元甲子子山午向。兌水艮水混雜。或又混巽。

因親有合。世主賢良。

上元三四氣。六七水。下元六七氣。三四水。

為父母所尅。子不招兒。

下元卯山酉向。乾水尅震。又雜艮水。乾屬金為老父。震屬木為長男。艮屬土為少男。乾金尅震木尅艮土。乃父尅子也。

為母所傷。女難得嗣。

上元兌山震向。坤水混兌。又雜坎水。坎為先天之坤。坤為老母。是以兌少女為二母所制也。

木傷土兮金位重重。禍還有救。

坤山艮向雜震（水）剋艮剋坤。得乾兌二木相救。震木為乾兌金所剋。則無力剋艮坤之土。

土涸水兮木星叠叠。災亦可禳。

離山坎向雜艮水剋坎。得震巽二木相救。艮土為震巽木所剋。則無力剋坎水矣。

金代木兮。而火焚無忌。

如乾兌金剋震巽木得離火又制金矣。

上元四星受六七氣。又受九水。下元四星受六七水。又受九氣。

火剋金兮而水無（西）妨

如離火剋乾金得坎水又制火矣。

上元六星受九氣、又見一氣。下元六星受九水、又見一水。

後人不肖。因生方之反背無情。

凡元運中之衰敗方、宜閉塞不宜通風。

上元一二三四之方。砂水反悖。下元六七八九之方。砂水反悖。

賢孝裔承宗。由生位之端拱朝揖（揖）。

上元一二三四之氣。六七八九之水。下元六七八九之氣。一二三四之水。

位位生來定添財喜。　得元得運出田水，又生旺故吉。門路

重重尅入立見消亡。　失元失運門路衰敗，殺氣冲入故凶。

星聯奎壁啓百代之文章。

上元坎山離向，水出乾，合一六共宗。奎壁二星名，奎為天之府庫。唐時二星在戌乾宮，今易庚申二宮矣。

胃入斗牛積千箱之玉帛。

上元震山兑向，水出艮，合三八為朋。胃星名，天儲五穀之府。唐時在斗牛宮，今易酉宮矣。斗牛者丑也。

雞交鼠而傾洩，必犯徒流。　子為後天之坎，酉為先天之坎，重陰相遇，二水交瀉，有流蕩不返之像。此言上元卯山酉向

雷出火而相冲，定遭桎梏。

上元酉山卯向，卯水出午，故有此災。且二卦合為噬嗑，有何校之象。

山地被風吹。還成瘋疾。

下元艮山坤向。殺氣空濶。背對下元方之風。巽為風。上元方也風失元。主有此疾。

風雷因金死。必被刀兵。

上元震巽水。乾兌氣。下元震巽氣。乾兌水。

火燒天而水牙相對。家生罵父之兒。

離為火乾為天。酉山卯向。離水出乾。左右山又尖如水牙。離為中女乾為父。離火剋乾是

子剋父。故出忤逆。

風行地而硬直難當。室有欺姑之婦

上元坤山艮向。見巽水。又直硬不曲。坤為

母。巽為長女。巽木剋坤土。女剋母也。故出逆婦。

火若剋金。制朱來。断驚回祿之災。

如坎山以七赤為生旺。遇流年九紫到

七赤宮。則九紫火剋七赤金。制金不能生一白之水。故主火災。謂之七九穿途。

土能制水。以生金。自主田庄之富。

坎以七赤為生旺。遇流年八白到七赤宮。主

雖制水。却能生七赤以朱來。所謂生入生方也。

木見火而生聰明奇士。上元巽山乾向水出離。合四九為友。木火明通明。故奇士。
火見土而出頑鈍愚夫。
下元艮山坤向坤水本土。或離水雜入。離為火。火又生土。厚多出愚夫。
無家室可依。奔走於東西道路。無姻緣之作合。寄食於南北人家。
此四語。言橫來橫去之水。多是卦外之水。與山水龍神不應。陰陽不交媾。
主有此應。
健而動。順而動。動非佳兆。止而靜。翕而靜。靜亦不宜。言動靜失令。
辛比庚而辛更粹美。乙附甲而乙亦秀靈。得卦內兄弟相助。
癸為元龍。壬號紫氣。昌熾各有攸司。得運癸主貴壬主富。失運貧賤各應。
丁近傷官。內臨文章。人財因之耗散。傷官坤也。文昌巽也。混雜不美。
木星臨敗逢破軍。而身體多虧。木星震巽也。若金運之時。及流年破軍加
臨其上。又遇太歲。難免禍。

水位既衰。遇祿存而瘟㾮必發。 水位者坎卦也。言土運之時水位又衰，流年遇祿存。值歲煞又臨。必遭瘟㾮。

七九加臨。值廉貞而火災頻見。 即七九穿余之說。廉貞火星也。

一六排列。見文曲而蕩子無歸。 一坎也。六乾也。亥子一六屬水。文曲亦屬水，水見水，交加主流蕩無返之象。

九星中貪巨武本吉。亦有時凶。破祿廉文本凶。亦有時凶吉。如上元兼中元上三十年。倒排貪巨武於乾兌艮離。則貪巨武真吉矣。文破輔弼翻。在震坎坤巽。則破文真凶矣。若下元兼中元下三十年。倒排文破輔弼於坎坤震巽。則破文又吉矣。貪巨武翻在乾兌艮離。則貪巨武又凶矣。凡用星者。貴於乘時。

頭風受疾。緣乾氣失時。 上元六九氣四水、下元六九水四氣是也。

腹蠱血瘀。實坤木之衍愆令。 言上元坤木離氣。下元坤氣離水。

函關紫氣皆為吉。豈知足為折而胃為翻。 上元三水八氣。下元三氣八鬼劫。

崑山暴布雖云佳。誰料聲為啞而口為噤。

上元兌氣大路坤水、下元七水坤方大路。

眼何以緊、髮何以癩。雞殼耳之高下不宜。　上元四水七氣。下元七水四氣

手胡為拳。股胡為癱。犬吠之虛實乃亂。　上元一禾八氣斜入。下元三四氣八水斜入、

朱雀帶煞雖不甚。懸知心焦目暗。　上元二水九氣。下元九水三氣。

元武失權縱言微。亦見耳聾情險。　上元七氣一水。下元七水一氣。

後天有病。病應先天之人。　上元坤水長女。巽水少女。震水中女。坎水

老母。下元九水老父。八水長男。七水中男。六水少男之類。

南辰有佐。佐兼北辰之歲。　上元。三水亥卯未酉生。艮水寅午戌申生。坎

氣申子辰午生。六氣亥卯未巳生。下元二氣申子辰寅生。七水巳酉丑卯

生。九氣寅午戌子生。四氣巳酉丑亥生。皆凶、以此類推。

休神合祿存以入。入未休而必休。　上元二屋九水。下元又屋九氣。

退神合武曲而來。財將退而不退。上元六屋受七水。下[illegible]屋受九氣。

井欄雖小。氣冲天。禎祥妖孽互見。井水深而氣亦深。蓋白氣直冲於天。不比淺水之流於地面。故其得時失時。禍福尤烈。

橋渡即平。水隔岸。恩德仇難叠呈。橋為道路車馬往來之所。而下有水為界。却能引過對岸之氣。故恩難尤関。

總之元運隐洪昌而來。不必位位之盡合。元黄之氣。從高而下。步步引入。不必齊合可也。

抑或瑞氣由廻風而聚。愈於門門之貪朝。零神冡若無水而得高墻矮嶺。反能招旺氣由廻風而聚。愈於門門之受旺。

欲將造化轉移。全在心思眼力。禍福轉移。全頼心目慧悟。而造化之機出焉。

附二十四山星名

壬名八武。子名帝座。癸名鑾駕。丑名天弔。艮名鳳閣。寅名金箱。甲名鬼刼。

卯名將軍。乙名功曹。辰名天罡。巽名寶殿。巳名金枝。丙名炎烈。午名帝輦。丁名龍墀。未名天殺。坤名寶蓋。申名玉印。庚名刼殺。酉名華蓋。辛名值符。戌名地殺。乾名龍樓。亥名玉葉。紫微。

附論陰陽二宅生蟻

白蟻之所生者。以視乎風水虛實四字。有前數十年不生而忽然生者。有前此久生而忽不生者。豈方位之必生必不生哉。抑在於當生之時。宜風而不風。宜水而不水。宜虛而不虛。宜實而不實。在乎門之宜與不宜之所致也。蓋東方山之宅。在當東山之時。或東門宜開不宜塞。塞則生蟻。宜風不宜水。水則生蟻。宜水不宜風。風則生蟻。宜實不宜虛。虛則生蟻。宜虛不宜實。實則生蟻。即西山之宅。在當西山之時。或西門宜開不宜塞。塞則生蟻。宜實不宜虛。虛則生蟻。宜虛不宜實。實則生蟻。宜風不宜水。水則生蟻。宜水不宜風。風則生蟻。所謂旺方有水。白蟻生。衰方有水。出白蟻者。此之謂也。旺方實而自蟻生者。則折去屋而通風引氣。其蟻自絕。衰方空而引風通氣。生蟻者。則添屋以遮欄之。其蟻亦自絕。然衰方有水旺方無水則無蟻。倘旺方有水為殺。而又開門以迎其殺。則殺氣薰蒸。不為有蟻。而丁財立敗矣。背運者更有甚焉。則是氣也水也皆可禍人也。惟在得訣者指點而斷之除之。若殺方有水。[illegible]禍在五六之方。而發丁財發秀。有不期然而然者矣。此所謂東山東水旺於西。西山西水旺於東者此也。夫東山何以旺於西。西山何以旺於東。以其東得西山之水。西得東山之水。則水之禍福。不勝於山禍福也哉。總之旺方。要空。殺方。要實。殺方。要水。旺方。要實。風此真秘訣也。

紫白訣 18

紫白飛宮。辨生旺退殺之用。三元氣運。判盛衰興廢之時。

紫白、洛書九星也。飛宮飛佈八方也。如坎宅。一白入中宮。二黑乾。三碧兌。四綠艮。五黃離。六白坎。七赤坤。八白震。九紫巽。八宅俱以本宅星入中宮順佈。照排出訣飛去。九星各有五行。如一白水。二黑五黃八白土。三碧四綠木。六白七赤金。九紫火。生者。飛到各方之星。來生中宮之星也。如乾宅屬金。過二黑八白土來生是也。旺者。飛到各方之星。與中宮之星比和。如乾過七赤。兩金比和是也。退者中宮之星去生各方之星。如乾宅生一白水是也。殺者。飛到各方之星。來尅中宮之星也。如乾宅遇九紫火來尅是也。又中宮死氣。八宅俱倣此推。（之星去尅各方之星為死氣）三元即上中下三元也。得元運則興。失元運則衰

生旺宜興。運未來而仍替。退殺當廢。運方交而尚榮。總以氣運為之主宰。而吉凶隨之變化。

此段是要歸重元運氣上。如一白水遇六白七赤金為生。遇一白水為旺。而未交三元金水之運。而一白不得令。仍衰而不興。如一白水遇三碧四綠木為退。遇二黑八白土為殺。然正交三元金水運。則一當令。即係退殺。下作廢論。總以得元則吉。失元則凶。

以圖之運論體。以書之運論用。而有時圖可參書。書可參圖。

河圖之運。即下文五子。洛書之運。即下文上中下三元大小運也。體者。八宅坐定宅星為體。由宅星飛佈出去為用。

今考河圖之運。以五子分元。則甲丙戊庚壬乃配水火金木土之序。而五行之運秩然。

河圖之數。一六水。二七火。三八木。四九金。五十土。順挨其序。以甲子十二年為水運。丙子十二年為火運。戊子十二年為木運。庚子十二年為金運。壬子十二年為土運。此圖運也。

凡屋層與間是水數者。喜金水之運。值木數者。嫌金火之運。其火金土數可以類推。

水數是一層六層。一間六間也。喜庚子十二年。金運。以金能生水也。又喜甲子十二年水運

又喜甲子十二年水運。以水與水比也。餘傚此。總喜值五子運生比。忌克洩。
生運發丁而漸榮。旺運發祿而驟富。退必冷退絕嗣。殺則横害官災。死主損
丁。吉凶常半。此以圖之數而論。應如桴鼓。

此運指五子運也。申明上以圖之運論體。

而九星遇此。喜懼亦同。木星金運。宅逢刼盜之凶。火曜木元。人沐恩榮之喜。
書可參圖。亦如是矣。

申明上所云書可參圖句。以洛書之九星。遇河圖之五運。喜生旺比和。忌死退尅殺。木
星即洛書之三碧四綠。遇河圖庚子十二年金運。故曰木星金運。火曜即洛書之九
紫。遇河圖戊子十二年木運。故曰火曜木元。

又考洛書之運。上元一白。中元四綠。下元七赤。各管六十年。謂之大運。一元之運。分三
元循序而推。各管二十年。謂之小運。

上元一白統六十年。前二十年小運一白管。中二十年二黑管。後二十年三碧管。中元

四統六十年前二十年小運四綠管中二年五黃管下後二十年六白管下元七赤統
六十年前二十年小運七赤管中二十年八白管後二十年九紫管自上元至下
元週遍共一百八十年
提此二運為主便宜專論其局如八山上元甲子得一白方龍一白沙方水一白方居住
名元龍主運發福無常至甲申甲午二十年二黑方龍二黑方沙水二黑方居住
福亦如之舉一上元而三元可知矣
上中下三元之運生旺退殺固由此別而其吉凶應驗又在局上
或當一白司令而震巽受運之生四綠乘時而震巽合之運旺此之方人亦有慶
元龍主運不能兼得或當一白運中而震巽之木受一白來生四綠運中而
震木與巽木比和逢生逢旺亦主獲福
且先天之坎在兌後天坎在坤則上元之坤兌未可言衰先天之巽在坤後天之巽
在兌則中元之坤兌亦可云旺此卦之先後天運亦可同論也

申明以書之運論用句。兌屬金、坤屬土、運值上元、則金生坎水為退氣、土尅坎水為死氣。

不知先天之坎、在後天兌位上、後天之坎、在先天坤位上、則兌雖值後天退氣、而先天坎水、却又乘旺、上元水運、坤兌俱係先天之吉、故不為衰。先天之巽、在後天坤位上、則坤雖被中元木尅、而先巽木、却是得令、後天之巽、在先天兌位上、則兌雖尅中元巽木為死氣、而先天巽木、正值得令、故可云旺。

一白司上、而六白同旺、四綠主中、而九紫均興、七赤居下、而二黑並發、即一六共宗、四九為友、二七同道、三八為朋之意、圖可參書、不信然乎。

申明上所云圖可參書之句。洛書一白管上元、則一白為主、而水得運矣。

河圖一六共宗、一旺則六亦旺、是河圖之一六、參用上元一白之水運矣、舉其一例、或局未得運、而局之旺方、有六事得地者、發福亦同、水為上、山次之、高樓鐘鼓殿塔亭臺之屬、又其次也、再論門路井竈、及其層間、盡合生旺、官殺俱避、雖河圖二運未交、亦可言其小康。

餐霞道人曰。若六事在殺方。或未交殺運猶可。若一交殺運。其六凶立至。

至若干支納音之宮殺。有統臨專臨之異。而並年太歲入中宮。合祥生旺。管山星宿之穿宮。同參生剋。八門加臨。非一。九星調遞多。

此一段文。籠起下文。

何謂統臨。即三元六甲也。六甲雖同。三元之泊宮則異。中宮之干支納音亦異。

六甲。即甲子甲戌甲申甲午甲辰甲寅也。泊宮異者。如上元甲子泊坎。中元甲子泊巽。下元甲子泊兑。干支納音在下文。

上元坎上起甲子。離上乙丑。艮上丙寅。兑上丁卯。乾上戊辰。己巳入中宮。己巳大林木。故為納音木。

此從坎上起甲子。逆數至中宮得己巳。則甲子至癸酉十年。俱十年己巳入中宮。甲戌亦起坎。逆數至中宮得己卯。則甲戌至癸未十年。俱己卯入中宮。其甲申甲午甲辰甲寅。俱如是推。○生比法。如坎山屬水。上元己巳入中宮。納音木。是洩坎山也。上元甲子。坎上泊甲子納音金。是生坎山也。舉此一宮。餘俱倣此。

中元巽上起甲子。震上乙丑。坤上丙寅。坎上丁卯。離上戊辰。艮上己巳。兌上庚午。乾上辛未。壬申入中宮。壬申劍鋒金。故為納音金。

此從巽上起甲子。逆數至中宮是壬申。則甲子至癸酉十年。俱壬申入中宮。甲戌亦起巽。逆數至中宮壬午。則甲戌至癸未十年。俱壬午入中宮。其甲申甲午甲辰甲寅倣此。

下元兌上起甲子。乾上乙丑。丙寅入中宮。丙寅爐中火。故納音火。

此從兌上起甲子。逆數至中宮是丙寅。則甲子至癸酉十年。俱丙寅入中宮。甲戌亦起兌。逆數至中宮是丙子。則甲戌至癸未十年。俱丙子入中宮。其甲申甲午甲辰甲寅。倣此。

每甲以中宮納音。復以所泊宮星與八山論生比。此所謂統臨之君。

申明統臨。○生比法。已詳前三段。上元坎註後。

何謂專臨。即六甲旬上飛到八山之干支。三元各以本宮所泊。隨宮逆數數。至本山得何干支。即將干支入中宮。順佈以論八山。生旺則吉。尅殺則凶。每甲子日。故為甲旬。八山干支。如上元甲子旬。甲子泊其坎宮。即隨宮逆飛。乙丑離。丙寅艮。丁卯兌。遂宮逆挨。至坎上得癸酉。即將癸酉入中宮。順佈則甲戌在乾。乙亥在兌。丙子在艮。各宮順飛周遍。看山係何山。值干支。即將所值。干支納音。與八山較生尅。生山則吉。尅山則凶。

又當與本宮原坐星而合論之。或為生見生。或為生見殺。或為旺見生。或為旺見退。一一祥參而。禍福由之胥壞。此所謂專臨之君。

申明專臨。如上元甲子在坎。是甲子為原坐星。遂由坎逆飛。到坎又遇癸酉。遂將癸酉入中。順飛八山。至坎又遇戊寅。與原坐甲子為生矣。而後飛合論生尅。如前飛到泊宮之原坐星。與此山為生矣。而後飛到之星。與此山又相生。是為旺見生。如被原坐星尅。是為旺見退。與中生旺退殺。禍福有霄壤之分。不可不細審也。
統臨專臨皆吉。吉莫大焉。統臨不善。而專臨者善。不失爲吉。統臨者善
善。而專臨者不善。不免於凶。然凶猶未甚也。至於統臨專臨皆不
善焉。斯凶禍之來。莫可救矣。
此言統臨尤歸重於專臨。
至於流年干支。亦入中宮順飛。以考八山生旺。如其年不得九星之吉。而得
歲音之生旺。修動亦吉。
申明上所云太歲入中宮句。如甲子年。即將甲子入中宮。乙丑乾。丙寅兌。
順飛八山。將其納音。與八山較生旺。此如坎壬屬水。甲子納音金。是金
生水也。乙丑乾上是坎山二黑方。土生乙丑乾金。爲坎山洩氣。餘以類推。
更有禽星穿宮。則當先明二十四山中星。入中之星
巽角木。辰亢金。乙氐土。卯房日。寅箕水。艮斗木。丑牛金。癸女土。

子虛日。亥壁水。乾奎木。戌婁金。辛胃土。酉昴宮。申参水。
坤井木。未鬼金。丁柳土。午星日。
申明上所云星宿穿宮。禽星入中宮二句。各以坐山所值之星入中順佈。以論生尅。
但山以辰戌分界。定其陰陽。自乾至辰為陽山。順佈。自巽至戌為陰山。逆行。星生宮
者。動用與分房吉。星尅宮者。動用與分房凶。其流年禽星。則以值年中星。
入中飛方。陽年順行。陰年逆行。後有起例。流年禽星。星是本年所值之禽星。
子寅辰午申戌屬陽年。　丑卯巳未酉亥陰年。
八門加臨者。乾山起艮。坎山起震。艮則加巽。震則從離。巽從震。離從乾。坤
坤兌兌以起休門。順行八宮。分房安床。獨取開休生為三吉。
申上所云八門加臨句。八門者奇門也。休生傷杜景死驚開。八門五行。隨八卦而起。
休隸坎屬水。生隸艮屬土。傷隸震屬木。杜隸巽屬木。景隸離屬火。死隸坤
屬土。驚隸兌。開隸乾屬金。加臨於八山。起例乾山從艮上起休。坎山從震

上起休。艮山從巽上起休。震山從離上起休。巽山從震上起休。離山從乾上起休。坤山從坤上起休。兌山從兌上起休。〇又有三元起法。上元甲子起乾。順行四維乾艮巽坤。而復始。中元甲子起坎。順行四正坎離震兌。下元甲子起艮。順行四維。〇又四維四陽之方也。每年起法只就四維。上元甲子年乾上起休門。乙丑年艮上起休。丙寅年巽上起休。丁卯年坤上起休是也。而每年輪法仍兼用八方。如上甲子年乾上起休。坎生、艮傷、震杜、巽景、離死、坤驚、兌開是也。週而復始者。謂每年起法。如上元甲子。乾上乾起休。至丁卯起坤。已一週矣。戊辰又從乾上起休。己巳艮上起。謂復始也。而其每年輪法。即下干支陰山逆行。陽山順佈。中元甲子坎上起休。下元甲子艮上起休。俱照此推。

論流年係何宮起休門。亦論其山之陰陽順逆佈之。如甲寅為陽。陽順佈。乙卯為陰。陰逆行。但取其奇門生宮為吉。宮與奇門比和更吉。宮生奇門則凶。奇門尅宮則大凶矣。

只就震宮一局論之。震宮分甲卯乙三山。如此年當在震上起休。則甲卯乙三山俱起休門。而其中甲係陽干。為陽山。陽主順。則震起休。巽生。離傷。坤杜。兑景。乾死。坎驚。艮開。乙係陰干。卯陰支。為陰山。陰主逆。則震起休。艮生。坎傷。乾杜。兑景。坤死。離驚。巽開。○申明八門。

九星調遁者。如三元白星之類。入中飛佈。俱謂之調。而遁年年。月遁月。層則遁方門則遁間之屬。皆以遁名之。

申明上所云九星調遁句。如上元甲子。一白入中。輪至子乃歲支也。係六白。即以六白入中。飛佈八方。視其生尅。而支上復得二黑。是年遁年也。

如子年三月。六白入中宮。輪至辰。三月所建也。係五黄。即以五黄入中。飛佈八方。視其生尅。而月上乃是四綠。是月遁月也。

如二層屋。下元辛亥年。五黄入中。六白到乾。以六白入中。飛佈。視其生尅。是以層遁方也。又二層屋。二黑居中。如開離門。則六白為門星。下元辛亥年。五黄入中。

九紫飛到離上。尅原坐金星。復以九紫入中飛佈。而六白到坤。乃第七間是門逕間也。此以九星分層。故二層是屬二黑。今九紫入中。又從九紫飛到坤位。是第七。故曰七間。

四一同宮。准發科名之祥。七九穿圖。常招回祿之災。二五交加。而損生須防重病。三七叠臨而招盜。更見官刑。

此以九星同宮論。四綠與一白。或同在中宮。或同在方位。謂之四一同宮。即舉一宅為例之。如巽宅四綠入中。流年遇着一白入中宮。是同在中宮也。坎宅四綠在艮上。流年遇着一白到艮。是同在方位也。餘倣此。○四綠是文昌。一白是官星。故主貴。九紫與七赤同在中宮。或同在方位。謂之七九穿圖。九紫是後天火星。七赤是先天火星。故主火災。推法與四一同。二黑與五黃同在中宮。或同在方位。謂之二五交加。二黑是病符星。五黃是廉貞星。故主死病。推法亦與四一同。三碧與七赤同在中宮。或同在方位。謂之三七叠臨。三碧是雖尤星。七赤是破軍星。故主盜訟。推法亦與四一同。

蓋一白為官星之慶。四綠為文昌之祥。還宮復位固佳。交互疊逢尤美。一白之宅與方。流年又遇一白星到。四綠之宅與方。流年又遇四綠星到。為還宮復位。○一白之宅與方。流年遇四綠星到。四綠之宅與方。流年遇一白星到。為交互疊逢。

是故三九。九六、六三。惟乾離震。固大有慶。而二五八之間。亦可蜚聲。

三九者。三碧九紫。即震宅離宅也。震宅三碧入中宮。乾上是四綠。遇流年九紫到入中宮。乾上是一白。離宅九紫入中宮。乾上是一白遇流年三碧到中宮。乾上是四綠。則三九之宅。乾上為四一同宮。

九六者。九紫六白。即離宅乾宅也。離宅九紫入中宮。離上四綠。遇流年六白到中宮。離上是一白。乾宅六白入中宮。離上是一白。遇流年九紫到中間。離上是四綠。則九六之宅。離上為四一同宮。

六三者。六白三碧。即乾宅震宅也。乾宅六白入中宮。震上是四綠。遇流年三碧到中宮。震上是一白。震宅三碧入中宮。震上是一白。遇流年六白到中宮。震上是四綠。則三六之宅。震上為四一同宮。

二五八句。二者第二間也。震宅三碧入中宮。即將三碧加在第一間上。數至二間是四綠。流年遇九紫入中宮。即將九紫加第一間上。數至三間為四一同宮。　五者第五間也。離宅九紫入中宮。即將九紫加在第一間上。數至五間是四綠。流年六白入中宮。即將六白加在第一間上。數至五間是一白。故五間為四一同宮。　八者第八間也。乾宅六白入中宮。即將六白加在第一間上。數至八間是四綠。流年遇三碧入中宮。即將三碧加在第一間上數至八間是一白。故八間為四一同宮。

一七。七四。四一。不但艮坤中附鳳為祥。即四七一之房。均甚振羽。

一七者。一白七赤。即坎宅兌宅也。坎宅一白入中宮。四綠在艮上。遇流年七赤入中宮。一白在艮上。　兌澤七赤入中宮。一白在艮上。遇流年一白入中宮。四綠在艮上則一七宅艮上為四一同宮。

七四者。七赤四綠。即兌宅巽宅也。兌宅七赤入中宮。四綠在坤上。遇流年四綠入中宮。一白在坤上。　巽宅四綠入中宮。一白在坤上。遇流年七赤入中宮。四綠在坤上。則七四之宅坤上為四一同宮。

四一者。四綠一白。巽宅坎宅也。巽宅四綠入中宮。遇上元一白入中宮。坎宅一白入中宮。遇中元四綠入中宮。則四一之宅中宮為四一同宮。

四七一句。四者第四間也。坎宅一白入中宮。即將一白加在第一間上。數至四間是綠。流年七赤入中宮。將七赤加在第一間上。數至四間是一白。故四間為四一同宮。

七者。第七間也。兌宅七赤入中宮。將七赤加在第一間上。數至七間是四綠。流年遇四綠入中宮。將四綠加在第一間上。數至七間是一白。故七間為四一同宮。

一者第一間也。巽宅四綠入中宮。將四綠加在第一間上。流年一白入中宮。將一白加在第一間上。故一間為四一同宮。

八五、五二、二八。在乾離震。登雲足賀。而三九六之間。俱足顯名。

日乾離震者。謂四一同宮在此三方也。是與三九九六六三之局同矣。依法輪之實不在此。或此局另有別法。或舊本錯訛。亦未可知。

三九六句。三者第三間也。艮宅八白入中宮。即將八白加在第一間上。數至六間是四綠流年五黃入中宮將五黃、加第一間上。數至六間。是一白。故六間為四一同宮。

五者第五間也。中宮局入中宮。將五黃加在第一間上。數至九間是四綠。流年二黑入中宮將二黑加在第一間上。數至九間是一白。故九間為四一同宮

六者第六間也。坤宅二黑入中宮。將二黑、加第一間上。數至三間是四綠。流年八白入中宮將八白加第一間上。數至三間是一白。故三間為四一同宮。

遇退殺而無嫌。逢生旺而益彰。獨運與局可以參觀。抑且年與運尤須並論。

此段極贊四一同宮之妙。而又提出看法。局運年俱當併論。

運有雙逢大小歲交加會辨三元。

大運六十年。小運各二十年之類。辨三元。如同一甲子有上元坎。中元巽。下元兌之別。

但住宅以局方為主。層間以圖運為君。

局方為主。從局方論九星也。圖運即五子運也。

嘗考坤局兌流。左輔運臨。而科名獨盛。

坤局二黑入中宮。兌上是四綠。左輔八白也。交八白運。兌上是四綠飛到一白。為四一同宮故發。

艮山坤水。巨門運至。而甲第流芳。

艮山八白入中宮。兌上是一白。巨門二黑也。交二黑運。兌上飛到四綠。為四一同宮故發。

下元癸卯。坎局之中宮發科。

下元癸卯年。是四綠入中宮。坎局一白入中宮。是年四綠到。却是四一同宮。

歲在壬寅乾上之六門入泮。
下元壬寅年九紫入中宮飛到離上是四綠。乾宅六白入中宮飛到離上是一白。
是四一同宮六門。或是自乾順數至離恰六位也。
故白衣求官秀士請舉。推之各有其方。下僚求陞遷官思起作之亦異其法。
求官重一白官星求名重四綠文昌。其方其法。神明存乎其人。以申明四一同宮句。
第一殺旺須求身旺。或山推天塔。龍局旺宮加意。
如殺位強盛當於龍局生旺方堆高生方高則洩殺氣旺方高則助主山。
而且制殺不如化殺。或鐘樓鼓閣局山生氣施功。
如坎局以土為殺金為生水為旺遇土殺當於金水二方或起金水二星形體之
樓閣。或用宅主金水之年命。或用金水年月日時。則土來生金。所謂貪生
忘尅也雖未嘗與殺為敵殺亦不能為害。故謂之化。
若夫七赤為先天火數。九紫為後天火星。旺宮單遇。動始為殃。殺處重

逢靜肆宮。先天之數。木一火二木六火七。故七赤為先天火數。九紫隸於離位。為火宮。（故九紫亦為後天火宮。）二星俱主火災。如七赤九紫。在局山旺宮。只到一位。動則發火。不動無妨。如七赤九紫。在局上殺方。而二星同到。即不動作。亦主火禍。或為廉貞叠見。如遇都天加臨。無分動靜。患火維均。廉貞五黃也。都天十二戊己最凶。紅羅吞星火。如七赤九紫上。五黃又到。都天加臨。衆殺論動與不動。俱有火災。

是故亥壬方之水路。宜通不宜閉。通而閉之。登時作祟。右弼方之池井。可鑿不可填。鑿金者填之。隨手生嗔。亥壬二宮屬水。水可制火。故不可閉。右弼九紫火也。火方有池井。火有制矣。故不可填。

廟宇刷紅。在一白殺方。尚主瘟火。樓臺聳焰。在七赤旺地。豈免炎灾。紅屬火。在一白方。一白水。本可制火。若一白方。是局山上殺地。殺地有火。水不能制矣。故塋瘟火。七赤火在旺地。已主發火。又高造樓閣。於七赤方上。是火益旺。火安能免乎。○以上申明七九穿圖句。

五黃正殺。不拘臨方到間。常損人口。二黑病符。無論小運流年。多生疾病。

五黃屬中央之土。主為正殺。故最凶。二黑隷坤宮為病符星。故主疾。

五主孕婦受災。黃遇黑時出寡婦。二主宅母多厄。黑遇黃至出鰥夫。

五黃屬土為陽。二黑屬土為陰。土主肚腹。故應孕婦。黃上加黑。是陰壓陽也。故多寡婦。二黑隷坤。坤為老母。故應宅母。黑上加黃。是陽壓陰也。故多鰥夫。

運如已退。廉貞逢處害非一。總是避之為良。

廉貞、五黃也。已失生旺之運。一遇五黃。災殃畢至。惟避之為良。

運若未來。巨門交會日病方進。必須遷之始吉。

巨門、二黑也。未逢生旺之運。二黑交會。疾厄難免。惟遷之始吉。○以上申明二五交加句。

夫蚩尤碧色。好勇鬥狠之神。破軍赤名。肅殺劍鋒之象。七逢三到生財。豈識財多被盜。三遇七臨生病。那知病愈遭刑。

申明三七疊臨句。

要知息刑弭盜。不僅局外搜尋。須識愈病延年。全在星中討論。

此數句引起下文。

識言武曲青龍。喜逢左輔善曜。六八主武科發跡。伫看韜畧超羣。

八六主文武出身。更應異途擢用。生旺一遇為死退双臨亦利。

武曲六白也。左輔八白也。俱是吉星。六白遇八白。主發武。八白遇六白。主發文。

如在局上為生旺。或六或八。一位到已吉。如在局上為死為退。則六八同臨亦利。

九紫雖司喜氣。然六會九。而長房血症。七九會之尤凶。

六白金。遇九紫火來尅。故主血症。乾位六白為老父。故應長房。七赤是惡曜。故尤凶。

四六（回）號文昌。然八會四。而小口殞生。三八逢之更惡。

八白土遇四綠木來尅故主殀生八白在艮為少男故應小口三碧亦惡曜故更惡

八逢紫曜須知婚喜重來六遇輔星可以尊榮不次

八白土已是吉星又遇九紫火以生之故婚喜重來六白金已是吉星又遇八白土以生之故尊榮不次

欲求嗣續惟取生神加紫白至求財帑尤宜旺氣在飛星

星相生主發丁星皆旺旺主發富

二黑飛乾逢八白而財源大進遇九紫而螽斯蟄蟄

如坎宅二黑飛到乾上二黑屬土遇流年八白土亦到乾是土見為旺旺主發富故財源大進一交九紫運則九紫火又生土矣生主發丁故螽斯蟄蟄

三碧臨兌逢一白而丁口頻添交四綠而青蚨闐闐

坎宅三碧飛到兌上三碧屬木遇流年一白水亦到兌是水生木為生生主發丁故丁口頻添一交四綠運則四綠木比和木又旺矣旺主發富故青蚨闐闐

先旺丁。後旺財。於中可見。先旺財。後旺丁。其理易祥。

如生星先到。旺星後到。則先發丁。而後發財。旺星先到。生星後到。則先發財。而後發丁。木間逢一白為生。八白同臨。而添丁不育。火層遇木運發財。戌亥年來。而官災不免。故遇殺未可言殺。須求化殺生權。逢生未可言生。尤恐恩星受制。

一白水生木間。一白為子星。主生子。又遇八白來剋一白。則子星被剋。故發丁不育。木運能生火層。故發財。但火墓於戌。絕於亥。故交戌亥之年。必主官災。

如遇水為殺。則用木洩之。土剋之。此所謂化殺生權。餘類推。如水為恩星。或遇土剋之。木洩之。此所謂恩星受制。餘類推。

案癸亥春。余客嘉興。主人汪姓。號克章。稅屋而貿易。屋北向是離宅也。二層只二間。其店門首。有一堪輿程姓。囑其開艮方門。曰此生門也。也必發財獲吉。延余往看。余曰此屋係離宅。宅主係坎命。若論八宅及年命。東北及西北皆不宜開門。程姓謂東北為生門。彼熟知九宮之法者。蓋離九紫入中宮。三碧飛到艮。木生離火。故謂之生門。乾方飛到一白星。水剋火為殺星。謂不宜開門然矣。獨不思離宅屬火。二層又是火房。裝二間又是火。開艮土三碧門。木來生火。火太旺盛。難免病之災。乾上一白水門。雖是離宅殺方。火太盛。將一白水以制之。則氣可遏。況剋則生財。宜開艮門。以開乾門為妥。主人因畏殺喜生。從程開艮門。未及半載。一子一女。忽吐血得痰火之疾。至冬、余復往嘉興。適過汪述。開門患病。邀余覆看。余乃擇吉日。開一白門。開後家中漸妥。此非虛言。非過殺未可言殺之驗與。

但方曜宜配局。配山更配層星乃善。間星必合山合層。尤合方位為佳。方曜、八方飛到之星。間星。各間輪到之星。俱要合局合山合層合方。得生旺則吉。退殺凶。

蓋在方論方。原有星宮生剋之辨。復配以山之生死。局之生旺。層之退殺。而方曜之得失始見。 即上所言方曜宜配局。配山配層也。

就間論間，則有河圖配合之殊，再合以層之恩難，山之父子，局之財官，而間星之制化聿彰。

即上所言間星合山合層合方也。就本間之星論生剋，以河圖之數與之配合。如一間水，二間火類。更以層與間較論，生我者為恩，剋我者為難，生我者為父，我生者為子，我剋者為財，剋我者為官。如遇剋殺退洩，則用制化之法。

蓋論方者，以局山層相推，觀其運而吉凶判。

運指河圖洛書二運言。如方與局與山與層，所到之到星，得此二運則吉矣，此二運則凶。

論間者，以運年星疊至，察其氣而休咎殊。

運年星，是河洛運中年星也。其星遇生旺運中則得氣，在剋洩運中則失氣。

如八卦乾位屬金，九星二黑屬土，此星生宮之善，入三層層則木來剋土而財少，兌局則星去生宮而人興更逢九紫入木土之元斯為得運而財丁兩茂兼主科名乾金故喜二黑土生若乾宅造三層三層木屬二黑飛到卻被木剋土受剋不能生金故財少兌局屬金二黑飛入則土來生金故人興九紫屬火元運值木木生火是運生星元運值土火生土運星運相生所以丁財發貴

如河圖四間屬金洛書四綠屬木此圖剋書之屬入兌方則文星破體而出孤入坤局則土重埋金而出寡若以一層入坎震之鄉始為得氣而科甲傳名亦增丁口

罗乃河圖之金已剋洛書四綠之木又入兌方兌金又剋木四綠為文昌被剋則體破四綠隸巽巽為稱木受兌剋兌少女女強剋夫故出孤入坤局坤屬土土重則埋金坤為老母勢強必剋夫必出寡一層屬水在坎方則水見水為旺在震方則水層生木為生層方互為生旺始為得氣發丁發貴理所必然

局為體山為用山為體運為用體用一原天地動靜

先看局。就局上分別山之吉凶。是局為體。山為用也。先看山。由山上分別生旺退殺。是山為體。運為用也。○體主靜。用主動。局山皆得生旺。則體用合一矣。得天地動靜之道也。

山為君。層為臣。層為君。間為臣。君臣合德。鬼神咸欽。

君主也。臣輔也。先以坐山為主。某山應配幾層。是層從山而定也。則山為君。層為臣矣。○先以層為主。幾層應配幾間。是間從層而定也。則層為君。間為臣矣。○君臣合德者。山與層相生旺。不相尅洩。是君臣合德矣。鬼神亦相見而欽。

局雖交運。而八方之六事。亦怕戊己廉貞疊加。

戊己廉貞。俱凶星。流年遇之。亦可懼也。

山雖逢元。而死退之惡殺。尤懼巡羅天罡加臨。

死退方。最畏此二星。○巡羅每年太歲為建。對宮為破。破為河魁。巡山羅睺也。

蓋吉凶原由星判。而隆替乃由運分局運興。屋運敗。可從局論。山運敗局運興。亦從局言。

星之吉者主吉。凶者主凶。星吉矣。而又得生旺元元運則吉愈隆。星吉矣若值死退元運。雖吉亦替。如局得元運而興。屋失元運而敗則從局而舍屋矣。

元運而敗。局得元運而興。則從局而舍山。

發明星運之用。啓迪後俊之賢。神而明之存乎其人。

作用仍貴變通。

年家白星起例

上元甲子一白起。中元四綠都為頭。下元七赤兊方是。逆尋年分順宮遊。

月家白星起例

子午卯酉正月起八白。七六五四三二一九八七六。辰戌丑未正月起五黃。四三二一九八七六五四三。

寅申巳亥正月起二黑。一九八七六五四三二一九。

日家白星起例

冬至後甲子為上元，起一白，二黑乙丑順行。　雨水後甲子為中元，起七赤，八白乙丑順行

穀雨後甲子為下元，起四綠，五黃乙丑順行。　夏至後甲子為上元，起九紫，八白乙丑逆行

處暑後甲子為中元，起三碧，二黑乙丑逆行　霜降後甲子為下元，起六白，五黃乙丑逆行

時家白星起例

冬至後，子午卯酉日為上元，子時起一白，二黑丑時順行。

冬至後，辰戌丑未日，為中元，子時、起七赤，八白丑時，順行。

冬至後寅申巳亥日為下元，子時，起四綠，丑時，五黃，順行

夏至後子午卯酉日，為上元，子時起九紫，八白丑時，逆行

夏至後，辰戌丑未日，為中元，子時起三碧，二黑丑時，逆行

夏至後，寅申巳亥日，為下元，子時、起六白，五黃丑時逆行

天玉外傳上

中垣山人輯

天機妙處從來秘。勘破真奇異。五行生旺尋雌雄合璧要相逢。二十四山起八宮。三卦洩元空。息佗却是先天定。宗支分二姓。同宗異支紛紛在。一宅有內外。罡弔刼煞不可當。貪巨輔武良。家昌父母生兒孫。多寡不同論。一家骨肉十有四。一家十個是。參差當前來朝揖。好歹無人識。十四人中八個合。十人四個送。山山雙起分雌雄。前後不同推。四個雌雄皆同到。代代官尊耀。南北分明是一卦。中有兩人咤。西畨北虜暗交通。覿面莫相逢。東西兩卦雖究結。其家有烟親。如能審地挽奇緣。相逢富貴全。還有兩盤須記取。逐卦換排去。進神八個共七。退神八卦十。山從水上覓元空。雌雄共一雄。局憑山上立元空。四凶還四吉。內神六吉外六凶。須去覓原踪。運若會時凶也吉。不會吉成凶。大小元運都說錯。指鹿當馬何。生成隨地是元空。莫曉八卦窮。

天玉外傳中

巨武雙関乾甲丁。甲山丁變更。廉貞帶巨坤壬乙。壬乙生荊棘。巨吉祿凶艮丙辛。丙山見破軍。貪狼武曲巽庚癸。庚山官化鬼。此即推來四十八。撥星為脫煞。時師只知順逆行。白晝霧查冥。楊公指點何明哉。時師胡亂猜。余將素信來題破。好去思量做。山上龍神不下水。山頭容易會。水裡龍神不上山。此處有元関。漫道平洋莫問龍。水上認來踪。水裡龍神只管水。交會在山龍。長短純駁水中裝。山上吉凶藏。水胡風吹都不怕。只要水合卦。最是朱衣三貴格。兩局來投納。若是一樣去逢迎。王帛動刀兵。父母如何去倒排。生旺認源來。相生相比為三吉。緋衣無休歇。豈惟尅我最難當。妻兒尅也殃。我生我尅如逢退。立見丁財匱。入道洛書只九數。未判從何故。河圖畫卦不知踪。幾被文王誤。生數逢五成數十。相得還相合。陰陽老少分剛柔。同心各自求。葬法千盤對不同。只在合元空。若道些子無此錯。局局盡相通。

天玉外傳下

東西南北三般卦。離合親疎話。天地父母卦三般。先後倒順排。乾向乾流出狀元。非乾禍相纏。卯山雖認卯源水。坐卯災星至。時師不諳眞秘訣。依書還傚失。坐正朝零話不明。遺誤禍非輕。總須識得零和正。雌雄要捉定。龍差穴錯局惟乖。變生火坑來。源流朱雀備陰陽。幹厚福綿長。如何驟發還驟罷。只緣（緣）水出卦。細看年庚合何位。依舊有明証。生尅制化雖記熟。切勿輕譚易。五路陰陽一路中。天然夫婦逢。巨族官家都此都出。斷橋不相接。最是神仙要清潔。異性休來雜。若還夾雜兩宮來。繼嗣螟蛉出。認龍審局辨源流。乘脫要推求。星辰毫忽如差錯。下後見憂貧絕。時師只解陰陽卦。順逆長生話。訛謬相傳誤殺人。到至老不知因。你道相生我道尅。你冲我還合。元空大卦個中藏。平步佐君王。隨手拈來夫婦備。立地丁財救。楊公妙訣只口言。明明双向傳。好似華人對蠻夷。須待人翻譯。

山水總括

壬子癸之山要收丙午丁之水。正出戌乾亥。變出丑艮寅。龍祖戌乾亥。龍局艮丙辛。午酉丑庚寅丁。山星破輔弼。是倒排水星輔武破。用城門訣。

未坤申之山要收丑艮寅之水。正出庚酉辛。變出丑艮寅。龍祖甲卯乙。龍局艮丙辛。午酉丑。庚寅丁。山星破輔弼。是倒排水星破武弼。用城門訣。

甲卯乙之山宜見庚酉辛之水。正出丑艮寅。變出戌乾亥。龍祖壬子癸。龍局艮丙辛。午酉丑庚寅丁山星破輔弼。是倒排水星輔武弼。用城門訣

辰巽巳之山宜見戌乾亥之水。正出丙午丁。變出庚酉辛。龍祖丑艮寅。龍局乾艮離。乾甲丁。寅午戌。亥卯未。山星文武。是倒排水星弼破。用城門訣。

戌乾亥之山宜見辰巽巳之水。正出壬子癸。變出甲卯乙。龍祖庚酉辛。龍局巽坤坎。巽庚癸。申子辰。巳酉丑。山星文武。是倒排水星貪祿。用城門訣。

庚酉辛之山宜見甲卯乙之水。正出未坤申。變出辰巽巳。龍祖丙午丁。龍局

甲癸申。子未卯。坤壬乙。山星貪巨祿。是倒排水星巨文貪。用城門訣。

丑艮寅之寅山宜収未坤申之水。正出甲卯乙。變出壬子癸。龍祖辰巽巳。龍局坤壬乙子未卯。甲癸申。山星貪巨祿。是倒排水星祿貪文。用城門訣。

丙午丁之山。宜収壬子癸之水。正出辰巽巳。變出未坤申。龍祖未坤申。龍局坤壬。子未卯。甲癸申。山星貪巨祿。是倒排水星文巨祿。用城門訣。

張九儀先生水法

河圖四局 乙水 甲水 丙水 丁水 甲向 乙向 丁向 丙向

洛書四局 壬水 癸水 癸向 壬向 此四局最吉 坎水 乾水 卯水 艮水 坎向 乾向 艮向 卯向吉

坤向坤水 酉水向 午向 巽水 巽向午 此二局最吉

先天四大局 陰陽破局一發便衰似乎不美 坤水乾向 酉水艮向 乾水坤向

艮水 酉向 巽水 卯向 卯水 巽向 午水 子向 子水 午向

此四局天地定位山澤通氣雷風相薄水火不相射 四局最吉一九合十離向坎向二八合十艮向

后天四大局 坎水 離水 坤水 坤向三七合十震向 兌向四六合十 艮水 巽向 兌水 乾向

震水 乾水 巽水

納甲在內以上八局惟坎離二局陰陽不雜先天於是后天亦如是次震兌二局亦為合法

秖是巽乾艮坤四局陰陽駁雜惟巧立向者須善納之

主發續絃側室之以其為后天夫婦故也求嗣速發

八煞黃泉水

坎龍坤兎震山猴巽鷄乾馬兑蛇頭艮虎離猪為八煞墓宅逢之一齊休〇此条為坎龍二水忌辰戌永世人只忌辰字因不知例〇亦有八煞來龍八煞水朝乃大貴之地總在因龍雜水因立向　又黃泉八煞水

庚丁坤上是黃泉乙壬須防巽水先甲癸向中休見艮辛壬水路怕當乾丙水來立巽向巽水來立丙向此得巨門水也何為黃泉壬水來立乾向乾水來立壬向此得武曲水也何為黃泉　桃花水　亥卯未忌子水　申子辰忌酉水　巳酉丑忌午水　寅午戌忌卯水　主風聲敗坯又有三様看法若回聚而不去者為内桃花必淫自己本姓人若是來水為外桃花主淫外鄉人若是去水為畢賊水主男盜女娼窩藏盜賊

羊刃水甲卯乙辰丙午丁未庚酉辛戌壬子癸丑惟丙甲辛癸四刃水主刀葯亡身之禍乙庚丁壬四刃水反主丁財兩旺以其陰陽不駁之故也

向有可兼者兼而利也戌乾壬子癸兼丑艮寅甲卯乙辰先巳丙丁未坤申合庚
酉原來是後天　向有可不兼者兼而不利也辛戌乾亥壬家丑癸艮寅怕
虎牙甲卯乙休相見長巽巳莫相逢也丙午午丁双煞曜未坤申庚乱如
麻酉辛位上不宜動此是夾煞定無差水法分房分一子向上是真元字
脚踏兩头船三子却從何處立孟白仲春季在前　消砂真傳
先識二十四穿山虎方行放棺透地龍〻虎渾天開寶鏡竅在金乘
月相逢　穿山穿尖宜穿中関透地粘到便是透中関固好
或透地初関末関亦可來龍擘頂為龍二十四山為虎周闢作渾天儀象
周天三百六十五度安四七經星名為寶鏡金木月相逢即三金之儀分經水
入局得水砂為旺見火砂為奴見金砂為生便是

撥砂經 挨星撥砂歌

撥砂之訣即挨星識得挨星尖上輪法以中針為準的龍移扶抑在分金見金土兮分經水之食奴

見金土兮分經金一旺食金木並見金火度一旺生奴水火奴星水土分經一旺生奴觀砂正立要精心審的
三関細辨形端詳砂位初中末砂身头脚自依分先將左右兩旋辨次防界度暗相侵
砂分先旺奴洩煞各依宿度定五行我去生為洩氣砂來生我號食神我尅砂兮為
奴宿砂來尅我是煞名旺神即比肩位旺奴生吉煞洩凶
食發科甲誕人丁旺主財祿多子孫奴司財帛官祿榮退洩的知貧且絕見煞終招
禍滅門大地從來多帶煞兩間宮位能勻氣乘旺盛煞無力閃脉脫脉煞方災
欲識人家何代發詳砂远近便知音砂去穴場三五丈流年一到產奇英
五砂煞洩旺奴生換生加办別在天心熟讀撥砂經一卷憑君天下任橫行
問君撥砂如何撥二十四山皆有訣仍分金木水火土生旺煞洩奴日月

張盤老天星

子午卯酉太陽火甲庚壬丙太陰火乾坤艮巽木屬木乙辛丁癸便屬土辰戌丑未四字金寅
申巳亥屬水火此是撥砂真妙訣見砂分把度坐

蔣盤新天星

子午卯酉壬乙辛丁癸金辰戌丑未木乾坤艮巽火寅申巳亥水甲庚壬丙火

貪見貪兮輸究客貪見巨兮台閣目砂坐太陽金水尚書侍砂金廉貞砂禄鎮边庭

火砂若見文曲當小貴水砂洩煞奴旺不一論

砂水分房妙訣

一子滿盤是他營二子左六長房臨前後右边皆是小此处偏枯已不均三子分公位朝坐二房論六子排來三六右四在孟前次第分二房朝與案五子主星湿此從房分挨次立变換詳砂难泥論左空兮左先絶右空兮右零丁朝坐空曠二五难興一案一主三長飄零又有青龍平而直朝山挨左最伶俜長房二叔叔漸消磨四子蒸蒸萬里程青龍無砂朝偏左吊又長房作龍星朝山空远龍趙案次子亦吊朝屏房三男與仲相吊法吉凶禍福依此行

此撥砂之法先人秘而不宜不肯乱傳後張九儀先生尽行吐露用者無一準今予尽

心傳汝，不可輕洩，宝之珍之。艮寅八煞艮向寅水　寅向艮水，寅艮八煞。乙卯八煞卯向乙水

祿存夾煞甲向卯水　文曲夾煞辰向巽水　八煞之外一煞。巽向辰水　納甲八煞巽向巳水　双煞曜

水午向丙丁二水來　廉貞夾煞丙向午水　坤未八煞未向坤水　辛酉八煞酉向辛水　破軍夾煞辛向戌水

乾壬亥三八煞　亥向名五鬼鬧判水子癸戌乾水　巽巳丙午丁未八煞　午向見巽巳丙丁未水　∞以上此皆大

凶之水，主絕嗣，水來不可犯。∞以上均係張盤之水法，讀者不可忽畧，並不可輕洩，違者天遣。

吉凶吉凶巨廉武甫　五鬼運財水法　∞假如辛山乙向見甲卯乙辰水

、水法破局　乾水破局必立艮丙向是

乾水破局跛與聾、頭痛跎矮例相通、鰥寡絕嗣多不吉、繼贅尅妻

壘壘逢。艮向巽龍見乾水、災禍速緩分其中。乾水來時禍則速、去時禍緩遲、

凶來主跛足不能履、去雖能履跛則同。丙丁卯巽四龍向、乾亥双潮人吐紅。咳嗽瘵夭

頻類相見、戌乾双至鼓盆凶。地力將衰向乾者、頭多斬生臘利斗斜。水流北極肅位襟、

心懷鄙瑣無寬洪。若還來主跛能履、鰥寡繼贅人無蹤。乾亥双行無瘵夭、戌乾暗

啞并音聾鼓盆吹啼哭相攻（啞盲）

甲水破局　必立艮丙向是　破局跛足多風癲其方有峰真吉位文筆由
來應畫工木笏多生道士類辛酉二龍來打混子孫世受風顛累

子水破局　必立庚亥卯未向是　破局桃花多龍聾耳女犯墮胎因員墩
子癸丑三方有未員墩擗作墩氣便有墮胎之應　木盛落水或黄腫忽然縊死令人驚三条陰龍卯亥艮最怕
癸丑并朝坟若是混流或凝聚　癸丑二水皆混流於子向便不好了　兄弟屠戮女禍侵少亡寡婦并
腹脹隨母改嫁忘親宗

申水破局　破局虚癆死少年卯龍庚向水申來人命犯此遭刑憲逃竄絕
亡實堪哀

辰水破局　破局瘋癲并落水水亡之後家滅毀酉龍見之主暗啞或生露
齒缺唇嘴丑未二向痼疾生伶打橫遭凶死鬼

乾甲向　艮水破局　艮水破局多冷退亦主絕嗣神不延雖有文章不顯達此方缺陷

風不全　三　丙水破局　必立乾甲向是　破局敗家或火燒糜而不起多灾咎水路丙丁并流水寅午戌火難救離丙双來俱切忌天降回祿災暈飛丙丁二水是廉貞犯者不免透天紅莽法若乘兑亥氣回祿煞制應灒跪

三　卯水破局　破局必立辰申子向是　破局偷盜兼亂淫蕩產多因賊牽累坤龍卯上去來定主殺戮徒形罪

文　庚水破局　如其破局單庚水偷窃時生不肖男庚申并朝射入塚被金戮殺最兑頑若得丙丁砂水救害衆成家福壽全卯庚二水破陽向難逃刑戮事張皇丙丁二水名赦文山水朝來免禍災

十　亥水破局　破局虛勞損少年亦主絶嗣禍連連年龍見之害丁財禍小灾輕也難言

十一　未水破局　必立申子辰癸向是　破局看經時念佛尼姑僧道邦連喜堂辰戌二龍未水入尤招鰥寡夭折媒悖逆不忠難制伏尸山路死不聞回

巽水破局　巽水破局多乞丐搶花山現多淫風（搽作洩砂）或者山碎水斜側宜

女懷胎好私通巽巳双朝破陽局（陰水破陽局字破好）那堪巽巳方起高峯香閨有女顏如玉

胎玷污春風客

辛水破局　破局不覺家冷退無救乞丐至絕亡

午水破局　破局火災兼淫亂盜賊時生來相犯若有員墩免火災又主目音墮胎

患巳丙向中午流動婦人吐血夫弦斷卯艮二龍見此水眼外雖明多暗若從酉上流出口婦人

室女同淫濫乾龍午水人命傷刑獄破家遭亡離

壬水破局

破局驟敗出蕩遊水盛多生黃腫恙亦有災厄落水者逃竄他方羅灾章

寅水破局　破局實為艮八煞定主瘋盲及虎災坤山艮向寅水入煞世帶癰

貞血滿懷寅甲小墩長而細蕩子虛誇博奕材員則更名為木印道士弄法竅將牌

寅甲屬木木生風定主瘋顛爛眼寅又屬虎故虎能傷人若作坤山艮向者加

申寅三分主出癆病艮忌虎非不言之口中又在說八煞手中又在做八煞矣

戌水破局　破局回祿瞎且龍聾鼓盆之煞尅妻重卯龍戌水人啞艮龍戌水龍聾盲逢丑未龍來戌流注少年亡悖逆人不忠庚酉二龍見戌水尖刀破出屠劊儂午戌破局瞎眼者或砂或水病不同砂凸眼珠亦凸出水則珠凹限眼珠

坤水破局　坤水砂局勢洋洋婦女相繼為孤孀抱花撇裙山再見寡婦淫亂不可當尼姑唸佛經千卷定有山刑砵盂樣若是卯龍見坤水尅妻煞犯人悲傷坤申並朝享厚福先天後天會一家若與未水双朝入亷貞煞罹兩遭殃未少坤多遇陽局每見男人吐血亡未多坤少遇陰局女人吐血為妖傷

乙水破局　破局多招手足疾螟蛉繼贅如親男若與卯水混流入定肰尅妻三五翻時或乙辰交路至抱恣自縊投河灘

酉水破局　破局淫亂不堪言巽龍酉水煞相連無水有路亦非宜犯罪遭刑羅災咎子午辰戌四龍向室女偷情隨人走此方山陷巽卯龍為官陣亡全家福覆

辛酉局〻水入懷雖富尅妻害難救

廿　丁水破局　若然破局主腹痛退敗之時無可救

廿　巳水破局　破局吐血與癆瘵少年多損見蛇災酉龍巳向或風射殺身喪家刑獄埋丑龍〻水多殺戮理叶金雞怕蛇害巳向巽水多冷巽向巳水入口災山回尅水禍輕緩水回尅向重禍速來巽巳双流水尅水何能一勺救貧哉庚申乙卯同辛酉艮寅壬亥一例排亥巳皆屬長生地巳為地戶最宜開陰龍水口巳砂寒婦人不孕絕嬰孩陽龍巳口員墩起雖然懷孕也墮胎

廿　丑水破局生　破局生人多夭折鰥寡僧道定不良辰戌〻龍丑水入翻棺覆槨人遭殃橫逆惡死多顛疾戮公事禍不非常巽向丑水入塚宅孽同巳酉凶難當四墓焦伐衣非為吉路死扛尸哭一場

廿　再評四金對射風吹穴翻棺覆槨災非淺丑未寅申邁葫蘆瘟殘〻酒疾凶非免　庚向申水主人命破家偃月卧尸之洩砂最忌于黃泉之地

天地八盤兼法　楊公天盤立向犯陽差陰錯及八煞者共有十四向

午　天盤午向地半丁午　午離丁兌中少女金火相戰遂害女口

丙　天盤丙向地盤半丙午　丙艮淨陰離火淨陽陰陽駁雜互作廉貞所以寅午戌年火燒天紅並犯吐血

巽　天盤巽向地半巽巳　巽陰木也巳兌金也辛酉為巽八煞巳屬酉黨二女相尅主犯冷退損女名出乞丐

辰　天盤辰向地半辰巽　辰淨陽巽淨陰陰陽差錯互犯文曲所以犯怯症巽內辰外立驗

艮　天盤艮向地盤半寅艮　艮寅木艮土艮怕虎八煞互作廉貞主吐血虎傷

癸　天盤癸向地盤半丑癸　癸丑作癸水羊刃主刀藥亡身女禍隨母嫁不歸宗

亥　天盤亥向地盤半壬亥　壬離火也最怕八煞猪離龍亥水刑相全主吐血癆瘵

乾　天盤乾向地盤半乾亥　乾亥双朝主吐血紅瘵夭咳嗽

辛　天盤辛向地盤半辛戌　戌主婦人吐血喑啞犯鼓盆煞有一亥問戌上天池父子各三四妻

酉　天盤酉向地盤半辛酉　辛巽木也酉兌金也巽之八煞互酉鷄二女相戰主尅妻

天盤申向地盤半申庚申俟金也庚震木也震之八煞互俟多人命盜案破家夜間常被

申　賊偷以觜宿天賊星也

未　天盤未向地盤半坤未未震木也坤老母土受木尅多寡母少年亡坤向兼未坤

多未少男人吐血與未向兼坤未多坤少主婦人吐血亡

卯　天盤卯向地盤半卯乙卯乙坤土也卯震木也坤之八煞在兎犯者損妻卯龍坤水亦然

甲　天盤甲向地盤半甲卯甲乾金也尅卯木陰陽差錯多寡鰥夫

陰陽法竅　尋龍法　尋龍先尋祖與宗不辨祖宗何足語大山高從耳
是真龍踴躍奔騰誰可比言龍自太祖而下曰遠祖曰太祖曰少祖曰父母而至亥武亥
武者山也以龍氣長則福澤長龍短則福澤短其在高山則看起伏其在平洋則
看水劍若一望平洋必須有水纏繞方為真龍是水流不過之處即是龍脊
亦必有高平之阜而為祖宗不拘乾濕流亦必有上分下合之處看束脉要看
有氣而止脉息尋龍辨入首之處無氣要看形勢要看結局要看陰陽評
云山本屬陰水屬陽水動山靜兩盤看陽為夫兮陰為婦夫婦恩愛兩相當夫
施兮婦主承婦不承兮息不成山無水界氣不住夫婦相交孕始生山水交時真
氣聚一動一靜互為根陰中有陽〻中有陰乾坤配合易之門若山飛並水走〻氣
不交地不真陽体高兮陰体平高山為陽平地陰乳突窩鉗同一義陰陽顛
倒此之因陰惟翕兮陽舒散攏龍凝聚枝散漫此等論用義攸深窩鉗
乳突茲判　尋龍辨　尋龍先識行與止去來合勿昏迷〻鱗鳳羽異非

真勒馬橫弓識所之龍走動未售行停住不去曰止何以知其行水之所分山之所發何以知其止山知之所交水之所會龍因水界氣旋而止分牙佈爪龍欲行藏牙縮爪龍欲止橈棹閃後欲去手足向前龍欲住識龍行山山脫卸向前騰知龍止止合抱如朝揖龍若出身必有自然之分水以導之若止息龍若止息必有自然之合水以界之有合無分則其來不明有分無合則其止不真此即水之分合而識龍之起止不然心目昏迷起止莫辨遂將龍身撓棹溜下指為乳頭混認左右枝脚以搭鉤作龍虎糊塗認過亦有門户堪觀仔細看來那是真龍住結

帳辨　尋龍先要尋帳峽無峽有峰空碓甲就中尋穴、豈無雄比大地真融結正龍身上不生峰定是橫枝送性有真人幔多貴人出入星高從耳峽中脫換更重、穴結情形堪頴度龍行開帳龍方貴脉出穿心脉始導一重類重為上格偏脉偏出作下評

峽辨　龍若過峽脫卸處名曰束咽、乃是生人之帷命峽關龍之生死來則於此

脱胎换骨去則於此養成体局脉有長短正側偏過之不同泥田石水之不一或來大去小或來小去大或有迎而無送或有送而無迎或单迎双送或双迎或一邊双迎或一邊单送或欲度渡而起天孤天角或將成而結峰腰鶴膝不拘陰脉陽脉最喜重重包裹縂之過峽宜近不宜遠宜乍不宜寬宜低不高宜細不宜大宜短不宜長近則煞脱窄則清純低則藏氣高則露風短則力勁長則力慢善尋者峽中之奥妙豈可不窮善審峽者穴中情形自可預料正過穴者入亦正側過者入穴亦側低過者穴結低平山獲者穴結山藪水繞者穴結水邊石脊與玉池砅峽藪石之與捉月質分燥濕泥峽與田峽异体故山谷之與田際局高低去山小而無迎者氣將收劍而知其結穴之在近去山大而有迎者氣正發洩而知其涉歷之必遥轉関出峽最怕風吹入首束咽猶嫌水刼覌此可知過峽之繫矣

平洋龍　莫道高山方有龍却來平地失真踪平地龍從高嶺發高起星峰低落脉山高既認好星峰平地兩傍水尋勢兩傍水界是真龍水纏

即是山纏理霜降不覌春夏水高龍背見此是平洋看龍法過去如絲或如線必須形跡明顯落茫渺無憑終不信高水一寸即為山低一寸回環只時師眼力淺便云此處好峰巒誰知高山落平地退卸愈多愈有力祖宗父母數程遥草蛇灰線尋脉跡隱隱恠恠須細認蛛絲馬跡要分明如髮如珠是真峽一斷一續莫離宗平洋一穴最為奇活動尤須尋束氣勿然一穴開鉗口兩水護來是真息但看平洋及至結穴之處必微微湧起鋪裀褥開鉗局切不可鋪展太大謂之真氣不聚也隨龍之水必須合乎左右方謂水不離龍水不離穴覌平洋之法莫過於此

龍格要訣

尋龍格局分偏正格起梧桐枝為最勝次之芍藥枝楊柳枝个字一訣傳心印梧桐枝兩畔平抽格有双送双迎丕个字楊柳枝邊有邊無偏个字蒹葭與芍藥枝左右互傳草个字杞梓與蓁芽枝半有半無灰个字停勻性有梧桐枝双送双迎兩手勢對節分生出穿心此龍百中無一二左有右無過一節右有左無亦非異此等名為蒹葭但

要星辰還得位星辰得是真龍遞會生枝不偏瘦多因木火作星辰蘆葉尖尖
左右至一等名為芍藥龍左右相生本不同分處光圓有枝葉此是木龍帶水
逢又有蓁芽杞梓枝半有半無似人字此龍決是木星傳只要星辰雜忌更有
偏生楊柳枝偏左偏右極乘已升忽然又變梧桐枝楊柳頭心是都有偏生極貴
龍名捲簾登殿　尋龍先要識龍局木流上下順知逆隨龍而下順中評逆
水而上君須識尋龍先要識龍星不識星總是閑教君四凶並五吉体列方圓曲
真尖太陰本是右弼傳形迹長帶圓金水原來是武曲三腦如金宿木星紫炁
號貪狼一尖直更長誰識天財巨門体三股腦甚異天罡正與破軍同脚
下出尖峰孫曜祿存同一類燃正相似燥火廉貞実一名尖斜芒帚形掃蕩水
星配文曲尉拖帛一幅龍有轉換君須明識変由來更有情教君先識巒
頭体轉換中推体性情又從出体言脉出条細小或氣盛而湧成高罔龍行巍巍高大
或氣小而変作嶶墩或側峰而翻成上龐或奄幹而抽出嫩枝或逞奇而岩石

峻嶒或弱而罔卑磊落或高山脫落平麓而攏 世帶枝体或平地脉帶直硬而枝
帶龍情或龍過水界石骨渡江重興營寨談不盡真龍变態無非上下相生尖
相續肥瘦相間俯仰相承雌雄相配子孫相肖退卸轉換粗出細凶星凶星变吉氣
老龍博出嫩枝柯跌斷不嫌多破祿廉文最是凶只作神壇與社宗九個天罡共道
悪六個吉星落若变金土水星辰最好救人貧九個孤曜名不存四個成金寶原來生
水與開金穴在此尋九個㷜火有吉凶七個是仙蹤能致前人剪火法必定科登甲名
九個掃蕩未為奇七個蘊夫機法宜裁蕩奪天工变世產英雄君知識得問
星龍到處鄉村可尋覓龍非允遠得金氣易盛易衰非
點穴法 山易局窄高處點四畔和平低處扦砂局均勻中正作邊寬邊緊穴當偏
水斜山亂窩中隱樂空下短定翻身有來有去尋結局山旁水尽向腰尋四圍高
逼穴易壓穴尋左右高而壓穴尋左往我推移前逼而穴宜扦後後逼而扦穴宜扦前
隨吾退進或近壓而遠秀或外窄而內寬法須低藏而求窩聚四畔圍灣宜識

穿弓而架箭衆山麁𪊨襍須知移步以換形山水兩佳局穿有官祿兩就法須知倘宗
如水之有情祿當就則就之如水不如山之秀拱官當迎則迎之來脉若天然休貪朝
秀而悞轉過水如弓近喜得砂蔽以藏衆大一細取其室女坐閨中而不露衆細一時取
其鶴在鷄羣以自奇坐空忌不忌短此論常理豈可執於翻身回結之局山直未穴橫受多
犯衆忌彼惡知乎脫就局之权勢逆砂順誰識離鄉堪取貴水朝砂抱須知此地好救
貧三山齊來望縮藏者以尋穴諸脉亂出有趺斷者是真龍山川之变態不一咫尺之轉
換顏异或低視而醜或高視而好或右視而僂或左視而妍秀氣在下高點則否情意偏
右則虧得此合看可知點穴之裁矣　點穴　宜看前後左右砂水堂中最喜聚窩
穴後須防仰瓦更看前官後鬼方知結實虛花神坛宜居水口羅星切忌當胸所忌
者水尾源頭所戒大路江邊龍逆水〻倒右(左)倒(則)穴右右单提水倒右則穴依龍虎並來
水倒右則穴依虎左单提水倒左則穴右〻单提水倒右穴左左仙弓水倒左則穴扦右右仙弓
水倒右則穴扦左龍虎低穴扦低不高不低穴扦中龍欺穴虎扦虎欺穴依龍扦中龍扦

龍先到収龍虎先到収虎有龍無虎依龍扦有虎無龍依虎扦龍長虎短水右來穴居左扦向向右虎長龍短水左夾穴在右立向向左穴要看包裏穴不破門君穴後何為空背後仰尾捲勢仰尾之勢如何覌頂後漏槽窩低寒鉗口穴塲為弟一前面切忌車槽現穴前流水似車槽婦人殺夫不用刀

怪穴點法　穴有怪穴人不識造化原可側体格何曾乱九星乍見便人驚騎龍倒順側為奇龍在應敵藏龜閃跡在田中水遶是真龍漱石不宜安石鏬裂也去穴端無價捉月邑云在水中還要土來封斬関已見前人下斬發久纏假坐空轉富去張朝不怕八風揺仰高山頂現星辰平面最為竒真龍已識真無可疑上有疑穴費心思大抵真龍臨落穴先為虛穴貼身隨穴有乳突及鉗口更有平坡無左右亦有高峰下帶垂更有昂頭居龍首也曾見穴平洋四畔週圍無高罔也曾見穴臨水際俗人見此無藏聚水際也曾見穴如反掌却與仰掌無僻樣也有山穴直如鎗兩水脇射不當更有兩龍合一氣兩水三山共一塲君知穴不知

怪只受左右抱者強只緣怪穴君难識識得裁穴却無难

五星九曜　　點穴須要識星体正变怪形难此例取用还從頂足分尽在高人心目裏　穴体以五行星正体為上九曜之变体次之金開窩穴取水無窩掛角水抱是若是窩角不分明硬面禍來侵木星報節節中取無節鍬皮軟處扦直木開口却為奇陰穴定無疑火星須取土入穴要木乳無土难扦尖尽處前火方為是水星不下水穴下了人丁滅好從金頂問根源應産子孫賢土星不宜重見土作穴須尋土腹藏金忽而閃歸角裡落流金方可本体自無龍虎借護隔水補平面側地成星象体準高山上上起頂下垂脉龍虎均勻者名曰懸乳上有頂下無乳左右分抱者名曰開口邊有邊無单提穴須防直來奔竄一長一短名曰仙弓切忌脚斜飛無頂扦凹尋按骨貴有近案去正就斜側腦喜見特朝重龍虎双臂要覓龍長虎短直出當妨观此可以知五星九曜正变之奧矣

四落　立穴先知分四落初末腰分皆可作初落由來近祖山局勢必須寬完腰落餘枝作城郭吉氣於斯泊末落名為太尽龍氣勢最豪雄分落後龍壁脉去貫頂还不

取教君結局要精微欲求穴的分明合何謂結局直來撞背者名順結順來斜出者名閃結正來而側落者名橫結或翻身而顧祖或轉向以張朝或到騎龍之類俱稱逆結觀此可知落中有四穴矣

四勢 教君點穴詳四勢中首取羅城審四勢前後左右圓圍局是也詳前觀後防空曠而吹胸劫背覘奇川左盼右忌凹缺而割耳射肩補缺障空看地造化羅城有內外之分明堂有大小之別山以氣正而不徒大故諸峰散亂休留意水以勢全而不亂蓄故辟流返去莫勞看源頭水尾無大地每凶多而吉少來長去短少真結當禍重而福輕神前佛後多是鬼劫之地石粗水響鮮真氣之鍾一山顧一水歸無因小聚而昧大散之勢眾水繞留聚當知大勢而去小節之疵一山一水有情小人所止大形大勢入局君子攸居取小醇而忘大疵是用管中而窺豹就眾凶而尋一吉殆猶緣木以求魚無情無意慢經遊萬嶂千山不轉頭縱有前山多秀麗須教穴穴是虛浮大勢若聚則奇形怪穴而愈真正大勢若散則巧穴天然然反虛假合之可以知四勢之圍聚矣

八病總穴　穴星原來有八病有病何勞定斬首折痕項下拖碎腦石嵯峨斷肩有水穿脇出剖腹陷長窟折壁原來左右低破面浪痕垂墜足頭脚鼠入水吐舌生嘴此是星休大有虧悮下禍相隨穴星又有四般病有病皆惡症貫頂脉從腦上抽星不現頭墜足脉從脚下去炁光何所聚崩面橫落脉数条生氣自然消飽肚但如覆箕樣醜惡那堪相撚之穴無化氣故形体惡相若像此等形模切不可扦慎之

覆坟斷　山大水小而無龍穴者必生白蟻山小水大而無龍穴者必有水泉四旁生草木而坟上独無者白蟻滿棺又或穴中金是砂石者泉生塚上独青苔四旁無者泉水滿棺穴兼杀氣者蟻生又或葬虚窩者泉生壟頑硬蟻生來龍雖真未得其穴蟻泉不免白蟻主陽黑蟻主陰凡扦穴得白黑二蟻皆不可葬并盖地脉已被蟻發洩矣凡開金井開出有洞燭入則滅名曰風洞置燭洞試之有風則燭滅無風則明若洞小點香伸入洞中有風烟即出是風洞切不可葬無風無氣洞或樹根朽此亦可葬墓上白草或樹葉白坟內必有水又破有局之水主棺內有水堆內外土乾此在八卦水法上辨又有風吹骸骨之應無妄杀山面

前兩手直長前凹風射來則吹起頭上背後若仰尾凹風從後射來則骨吹往
脚下無青龍水往左則左邊凹風吹來骨翻右邊無白虎水往右則右邊凹風吹來骨
吹翻右邊慎之最驗

地理十難　一要禮拜明師二要虛心學習三要脚力健旺四要
登山指點五要考驗老成六要見多識廣七要辨禍福八要眼大心細九要臨時機變十要
拿定把柄有此十要方能道明德立不悞世人古云世上誰人能我當世明師後代仙

羅經總法

羅經層數多至三十餘層卦例五行多至數十餘種學者望洋而
無從抑知經盤之用不過八卦十二支天星而已其餘数皆所以佐輔此三者之用也古今談
羅經者不若海南仙道方有真知確見持製之羅經九層第一層先天八卦即太極圖地
理從出之原也第二層周公指南針地中方位十二支合天上躔舍十二宮也地理之道尽乎此已三
層縫針名天盤楊公用以立向因犯陽差陰錯及八煞者遭害世人故賴公用以納水四層縫針百
二十分金專為地盤趨吉避凶之法五層中針名人盤頭頂天足立地用以消砂六層正
針名地盤用立向七層百二十分金自然不犯空亡差錯等煞取丙丁庚辛旺相避戊己之

龜甲壬癸甲乙之孤虛八層天紀盈縮六十龍上應天星之淵夾故盈縮以就之專用格龍乘氣

九層宿五行十層天星宿度十一層天度吉凶此賴公將空亡差錯関等柔記于度中以便分

金坐度之用也

陰陽捷訣　淨陰陽者水法之要訣也其原從先天八卦配洛書見宮

而出乾南得書之九坤北得書之一離東得書之三坎西得書之七其數竒故四卦為陽而

所納之干支亦從之為陽也艮得西北得書之六震東北得書之八巽西南得書之二兑

東南得書之四其數偶故四卦為陰而所納干支亦從之為陰也淨陰淨陽乃先天癸

而方位則用後天焉盖先天立体後天入用也

歌曰先將子午定山岡却把中針來較量再加三七與二八莫與時師說短長

三七者每一山分十分七十二龍一山三龍每龍得三分〻再將左右各加三分湊作十分看其

所得分數以定其龍某三某七也如甲子在壬本龍得壬三分右邊加三分任是壬左邊加

三分任是子故曰甲子七壬三子丙子在子本龍得子三分左边加三分任是子右边加三分任是

壬故丙子曰七子三壬戊子正當子中故曰正子庚子則七子三癸凡正處皆不可坐穴在于維

則犯大空亡在地支則犯正中煞故坐穴宜三七龍訣云再加三七者惟三七可坐也二八者每一山分十分百二十分金一山五金每金得二分再加左右各加四分湊成十分看其分數以定其金爲某二某八某四某六也如甲子在子本金得子二分左邊加四分任是子右邊加四分任是壬故甲子六子四壬丙子在子本金得子二分左邊加四分任是子右邊加四分任是壬二分子二分壬故丙子八子二壬戊子正子庚子八子二癸壬子六子四癸也四六金靠邊而薄正位犯大空亡差錯故分金止宜二八古云再加三七與二八蓋惟二八可分金也

蓋粘倚撞捉法

蓋穴壓煞

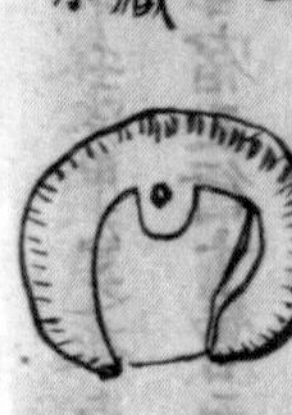

撞穴藏煞

合兩手中脊而成暈現在兩脊間謂之蓋穴有雲蓋當正頂有華蓋當額門有冠蓋當額上必四勢週全八風不動又必坐穴見唇不見脚故名壓煞

撞穴穴乳中必暈現于中也凡穴皆有煞獨此勢和平無所見煞故曰藏煞撞惟中穴無復多端

粘穴脫杀

倚穴関杀煞

乘金　相水　穴土　印木

乳身有杀不可穴〻于乳下粘必暈在乳下也緊粘頭曰实粘讓過乳頭曰吴粘〻下一穴曰綴〻下一穴曰脫〻下一穴曰拋〻穴有契窩中之酥無中生有另有四勢可會也

乳中有煞関穴一傍曰倚穴有实倚上靠脊有虚倚下就長挹看暈氣所在右盖粘倚撞亦即天地人之説但此論乳体

宜拋而脫宜脫而綴宜綴而粘皆犯杀氣主有暴卒之禍況宜粘而撞宜撞而盖有不葬下禍烟消火燃者乎作穴含員高十葬九禍

古人不用羅經不用倒杖不用立向標但以目視乘金以為坐相水以為何穴土以安棺印木以抱穴是為真穴法是為眼法學者所當知也不拘何星坐穴顧後其頂必員〻者金也故曰乘金不拘何星坐穴瞻前其辰下必曲〻者水也故曰相水不拘何星所占之穴其地必平〻者土也故曰穴土不拘何

星坐穴左右兩肘必長曲直抱穴曲直者木也故曰印木

論乘金　金星固是員頂木亦身竦亦是員頂水穴依母亦是員頂土必穴子亦是員頂火不作穴必穴木土仍是員頂故郭氏亦備五行及言穴法断曰乘金或問正体固是員頂若是側体没骨凹腦奈何曰坐穴覌之其頂亦員不然卧覌之必員不成頂氣

論相水　凡穴不拘窩鉗乳突其下必有唇〻下仍有氊唇所以合穴氣也毡所以合龍虎之氣也唇下是金魚水毡下祿儲水所云相水相此氊唇即是相水不必淸水田水池水始是求也乳突自滿任是要有唇若不出唇恐是絶氣之所窩前中凸所謂水中眠水底卧若不出唇則真是水中眠水底卧矣奚可哉乳突無唇即是孤乳孤突窩鉗無唇即是空窩空鉗唇所以成口也無唇非口何復言氣無氣何復言穴氊則子孫瞻拜舖展之物也唇之所容少毡之所容多無唇無穴無毡少丁作穴之所上有天輪影盖下下有唇氣聚上穴將安逃或問唇曲是木莫須曲折否曰非也坐穴看唇特地聚上故謂之曲非曲折之謂也唇以員聚為正亦有五行員為金唇曲為水

脣方為土脣皆吉直為尖為火脣皆帶煞須用裁剪

空土 不拘何星當穴暈之中必有一片肉地不顧不傾可坐可卧和平正劳乃是

土也一點灵光其灵光在此葬乘生氣必乘乎此如論天心此是中心如論十道此是交会

一名螺紋一名土宿一名勾陳騰蛇就暈論之輪影漸収至此収尽故曰螺紋就勢論之自後蓋來至

此而止止則宿矣人生于土死于土歸于土宅厚穸幽眠萬世故曰土宿勾闌立土騰土眠土勾闌于於

後騰遶於前樞極在中灵光意也螺紋有外有内即暈脣暈心也土宿混然一片塊然一撮以占

以意决也至意尽矣

印木 即証印龍虎两肘也

諸病 疙頭杀 頭上瘡突起也頂出碎石雜以紅沙疙頭癩疥不時搔爬

脉傍入空瀾受風 堂局隈㷂星頭受風主家頭痛長病老翁

鄒肩杀 不是綳脉亦非輪影星自鄒肩長愁不省

灌耳杀 有風灌耳神廟則灵安故遇比耳龍耳耳鳴

患眼杀 當前翳點一定患眼稍大即非印浮水面

流涎杀 流涎破脣風擁疼鳴若成沮洳迷主絶人

缺脣杀 缺脣破脣其驗如脣神又早培補免生陋人

漏腮杀 漏腮流泉病死可憐殆难補塞不如改拼

㿗瘂杀　逆朝灌耳口㿗瘂定有按穴以逆水為納財案以逆流為聚氣然順水逆案
逆水順案陰陽交媾之理也若逆水穴又作逆流案潮灌入口氣逆难消㿗瘂固其理也
此必殺曜亦非真穴　未龍边有边無護沙边有边無曰偏頭杀左偏來龍亦有
右來左边右难龍偏即楊柳枝之無護沙偏即边寫单提之無補未經無防全無不可下
水無護水去風來不但病瘋且主貧也絕輕者口眼喎斜　腰瘋杀風掃龍腰洪破龍
腰　坦腹癱瘓曰匏肚杀按穴法有仙人坦腹氣足而有壓若無壓而妄穴名金
剮肚絕亦有厭黑而妄但癱瘓不佳世産腹病帶沮泖水蠱絕人
腫脚杀　龍虎癱瘓如瓜如杆　疥癩杀　碎石紅黒草木跡黄赘疣瘤腠
為患瘰患癱杀　惡峰窺穴名刼杀　朝粗拱惡為仇讐杀　大山逼戕為壓穴
杀　乱峰乱脚為刺射杀　坦外驀窺為探頭杀　攢鎗陣戟為最兵杀
横行斜見為側面杀　側面抱肩掀脚翻裙獻花皆主淫餘有鑽怪飛
燕游綵鷂衣牛衣笏枝砵盃葫芦提籃木杓舞袖楊旛離鄉反背者杀皆主貧窮

𠚒貧 龍瘦貧穴露貧高穴貧無水貧乾源貧去水貧推車水貧
斂箕水貧堂局開口貧無案山貧對城口立穴貧無関欄貧穴寒冷貧水砂飛貧
退田筆貧 明槍飛箭 前山出如槍出又如刀飛砂如箭有一如此必主刀亡穴
後被槍被刀被箭四名為暗殺其禍更深有一如此反逆誅夷前山宜展翅耳若既開
後收如作穴狀即是囚獄山
此名獄朝 囚獄穴四山壓穴天光掩塞無出氣處即是囚獄山
龍虎評 凡龍虎喜緊抱緊要得好若緊得死相不開眼目必出瞋眛
之人凡龍虎最喜一重多至十重更好只要飛去飛便假龍虎餘氣拖長或
半里或一里數里者只要真情向內愈徹力量之大其必員身員頭俱已入穴其走去
者皆偏行側走雖遠何妨況他到底関門塞水作我用神故不嫌分散也龍虎須
合論亦有分論者相停好相鬬不好相讓好相衛不好回轉作案好拭淚不好推
胸不好鑽怪不好青龍乘仙好青龍嫉主不好白虎銜屍不好白虎乘

仙亦好青龍生角好帶劍不好白虎生牙看安頭好不好白虎有威胆好擎拳不好青龍亦然青龍出曜好出杀不好白虎亦然不拘龍虎石痕班駁不好石藤交纏不好有惡石出相不好有惡木不死不活不好有洪路不好有人行如路如繩纏頭不好有痕断頸不好土死石死不好断續不好發掘坑坎不好立曜好眠曜好若是刑殺甚不好内醇外肆不好潤澤好沮洳不好乾潔好枯燥不好草豐木盛好草枯木焦不好清静好冷静不好陽拓好陰悽不好

挨星圖 陽四位推陽順陰逆

巨壬輔巨巨弼文輔輔
貪子貪破文武文武文巨
破艮弼輔祿破祿破祿祿
弼寅祿祿祿弼弼武祿輔
巨乙巨巨巨輔貪破文弼
武辰巨武武武武貪文文
破丙祿破破破文弼祿祿
弼午武巨弼貪弼貪破破
巨坤文祿輔巨輔巨輔輔
貪申輔輔輔文文貪輔祿

貪癸文文文貪輔文巨破
破丑弼祿祿祿輔祿破破
貪申貪文文文破巨武武
巨卯輔弼巨輔巨輔巨文
武巽破貪貪弼貪弼貪武
武巳貪貪破巨輔武貪
弼丁弼弼弼武祿弼破巨
巨未文輔輔輔祿輔巨巨
弼庚武弼弼弼巨破貪貪
破酉祿文破祿破祿破弼

破辛破　破　破祿　武巨弼文　　武乾　巨武　武凶　武凶　武貪

武戌　破貪貪貪　貪武弼弼　　武亥　武武武巨破祿貪武

此無極子後將大鴻挨星圖包舉河洛循環無端不可思議非神明

於易者未易辨此此必秦漢以上所固有非後賢所可企及楊曾賴廖諸書無

非發明此理即遠溯黃石青囊郭璞葬書亦皆斯圖註解果能於此深

造自得河洛之理思過半矣地理云乎哉

挨星配卦圖　洞源山人製

未丑辰戌　壬丙庚甲　　申寅亥巳　辛乙癸丁

渙解困蒙　師訟坎未濟　　渙解蒙困　坎未濟師訟

巨壬輔巨巨巨弼文輔輔　　貪癸文文文貪　輔文巨破

午乾　酉艮卯坤子巽　　未丑辰戌　壬丙庚甲

訟蒙坎解未濟渙師困　　漸小過咸艮謙遯蹇旅

貪子貪破文武文武文巨

午乾酉艮卯坤子巽

申寅亥巳　辛乙癸丁

渙解蒙困　坎未濟師訟

破艮弼輔祿破祿破祿祿

申寅亥巳　辛乙癸丁

漸小過艮咸　蹇旅謙遯

弼寅祿祿祿弼弼武祿輔

未丑辰戌　壬丙庚甲

益震隨頤　復无妄屯噬嗑

巨乙巨巨巨輔　貪破文弼

未丑辰戌　壬丙庚甲

夬恒大過蠱　升姤井鼎

破丑弼祿祿祿輔祿破破

午乾酉艮卯坤子巽

遯艮蹇小過旅漸謙咸

貪文文文破巨武武

午乾酉艮卯坤子巽

无妄困屯震噬嗑益復隨

巨卯輔弼巨輔巨輔巨文

申寅亥巳　辛乙癸丁

益震頤隨　屯噬嗑復无妄

武巳貪貪貪破巨輔武貪

未丑辰戌　壬丙庚甲

家人革賁　明夷同人既濟離

武辰巨武武武　武貪文文
午乾酉艮卯坤　子巽
姤蠱井恒鼎巽升大過
武巽破貪貪弼貪弼貪武
申寅亥巳　乙辛癸丁
巽恒蠱大過井鼎升姤
弼午武巨弼貪弼貪弼破
申寅亥巳　辛乙癸丁
家人豐賁革既濟離明夷同人
巨未文輔輔輔　祿輔巨巨
午乾酉艮卯坤子巽
否剝比豫晉觀坤萃

破丙祿破破破文弼祿祿
午乾酉艮卯坤子巽
同人賁既濟豐離家人明夷革
弼丁弼弼弼祿弼破巨
未丑辰戌壬丙庚甲
觀豫萃剝坤否比晉
巨坤文祿輔巨輔巨輔輔
申寅亥巳辛乙癸丁
觀豫剝萃比晉坤否

貪申輔輔文文貪輔祿

未丑辰戌壬丙庚甲

中孚歸妹兌損臨履節揆

弼庚武弼弼弼巨破貪貪

午乾酉艮卯坤子巽

履損節歸妹睽中孚臨兌

武戌破貪貪貪貪武弼弼

午乾酉艮卯坤子巽

乾大畜需大莊大有小畜泰丙

武亥武武巨破祿貪武

破酉祿文破祿破祿破弼

申寅亥巳辛乙癸丁

中孚歸妹損兌節睽臨履

破辛破破破祿武巨弼文

未丑辰戌壬丙庚甲

小畜大莊夬大畜泰乾需大有

武乾巨武武文武文武貪

申寅亥巳辛乙癸丁

小畜大莊大畜夬需大有泰乾

九星為河洛之源卦象即挨星之用吉凶悔吝悉具其中配之以卦復註明

二十四山瞭如指掌

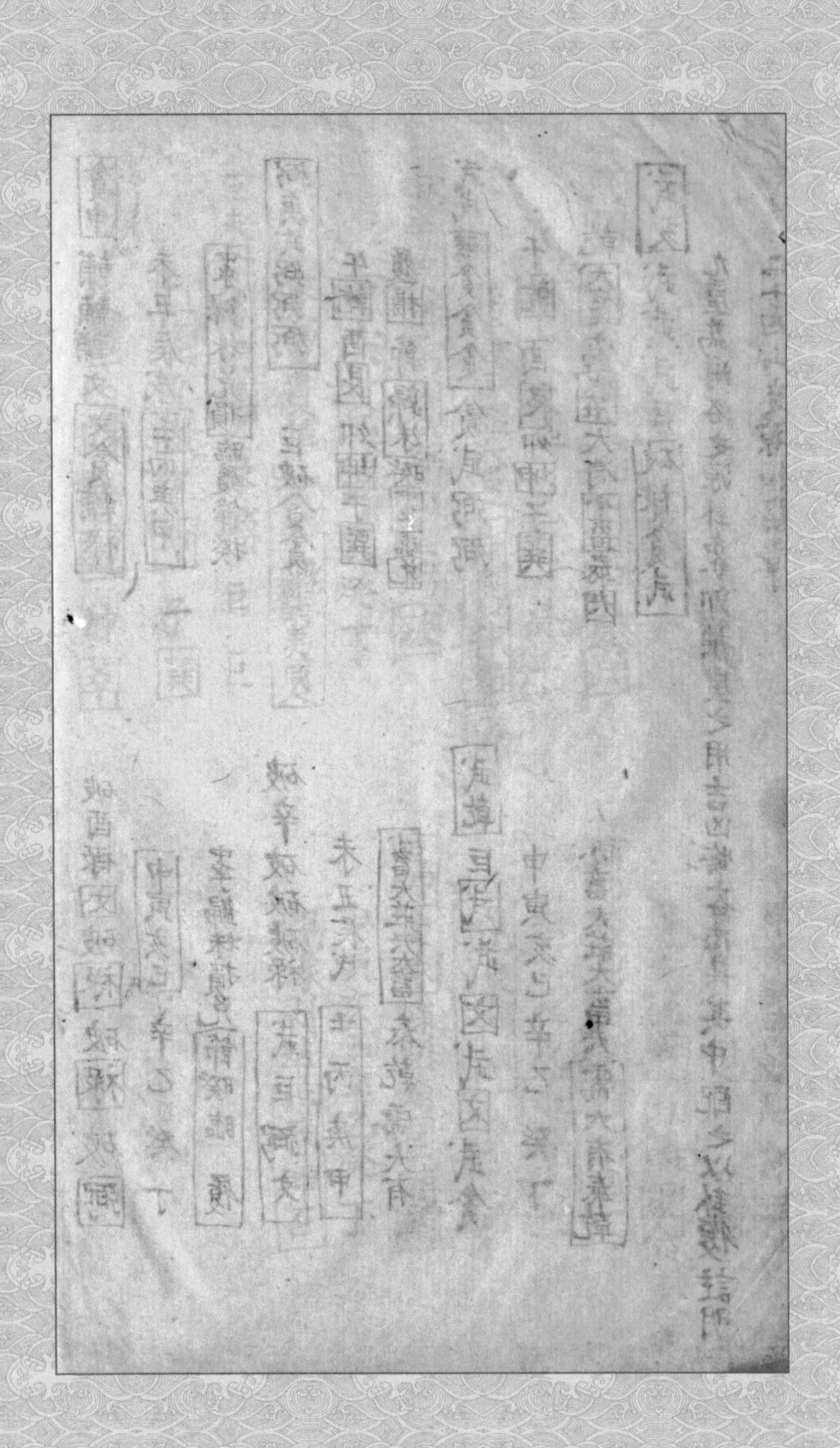

挨星原起說

夫九星一太極也未有九星之先其理已具天地開闢萬物化生莫不由之其象著於天而人莫之察旣而圖出書成伏羲因之畫為八卦以明陰陽太少而九星之理露其端倪河洛二圖先天方圓四圖可考也文王又著為方位次序二圖謂之後天孔子贊易於繫詞傳說卦序卦雜卦等傳發明圖書羲文之義最為詳盡其後黃石公著青囊經本其理以為地理之用或為疑九星為後起之數不與卦義相涉而不知在天成象著明於紫微垣而謂之斗極者固已殽先後天之精蘊所謂先天而天弗違後天而奉天時者也蓋當混沌之時一元氤氳不知有九星也自開闢以後日月星辰朗然照著九星之氣旣行九星之象乃顯時行物生天不能以語言詔人而以圖書故其倪聖人則其象以明其理始有八卦之名則九星直在卦前卦所以明星也如謂為後起之數將日月星辰亦屬後起乎其義已發明於莊杜陵先生但先生雖示人以九星之理而用之之訣究未顯、

言且惝然不知其所自起烏從而則之誠以天機秘訣不敢輕洩耳寅旭范
蔡氏雖著有成書亦不過隨文裝點而以九星起法為失傳余不揣固陋既作撥
星配卦圖而並詳其原起之義焉九星配卦八所易知以九星而配二十四山參伍
錯綜人不多鮮如艮當輔而為破卯當配祿而為巨巽當配文而為武其
他類多參差不齊緣卦雖有八而用之則只有三楊公天玉之說即有九
星之用法也歟三卦之用九星非一卦中只一九星二十四位各有九星推而廣之則有
三百八十四象即易之三百八十四爻也莫非陰陽老少變變化化循環無端對待
流行之妙用而已易曰山澤通氣乾巽互根也乾先天之艮巽先天之兑老陰老陽相
配乃父母之象如天地之自無而有不必更經四位艮入於巽兑入於乾所謂陽生於
陰柔生於剛也故巽起貪狼於乾兑入於乾起貪狼於巽以陽星順行輪之則皆得
武曲舉此二卦而四維四支為天元卦者皆可知矣自子起右行而終於艮父母之爻也
以八卦言之乾坤為父母六卦為子息乾坤縱而六子橫也以六十四卦言之八卦為父母

諸卦皆其子息推而言之諸卦為父母三百八十四爻皆為子息而生生不已之機寓焉人地兩元爻愈變而用愈神又非天元之例八神四箇之所由來也癸與巳交癸先天之申坤卦之子巳先天之辛兌卦之子老陰老陽相配癸陰也生於老陽故以坤入離離入兌兌入乾而起貪狼於亥陽順行至巳得武曲巳陽也成於老陰故以兌入乾乾入坎而起貪狼於癸由此二爻四幹四支為人元卦者皆可類推矣自子至東起右行而終於寅與父母一路同行為八卦之順子陰陽相配有交媾之妙互根之義焉所以為八神四箇二也而陰不陰陽不陽子息之殊於父母也壬與辰交先天之庚兌卦之子壬先天之未坤卦之子老陰老陽相配辰以巽入艮艮入巽巽兌也兌入於乾左行而起陽貪狼於戌順行至壬得巨門壬以坤入離離入兌兌入乾右行而起陰貪於戌逆行至辰行武曲由此二爻四幹四支為地元卦者皆可類推矣自子之西起左行而終於戌不與父母一路同行自立門戶相背而馳為八卦之逆子所以為八神

四箇一也然其陰陽對待交媾互根不殊於天人兩元而陰以求陽陽以求陰亦與顛子爲一例此二十四位九星之所自起爲倒排父母之訣即河洛之妙用也有上下交左右交蓋乾兌出自老陽坤艮成於老陰離震變自少陰坎巽化自少陽由八而六十四由六十四而三百八十四以易求之無不脗合天地至舍此而闔闢無靈四時有序棄此而運行或忒豈僅爲地理一端之所哉

九星補論

嘗讀星符篇以九星爲先天母炁所化一曰天皇大帝即尊星二曰紫微大帝即帝星三曰北斗第一貪狼星四曰北斗第二巨門星五曰北斗第三祿存星六曰北斗第四文曲星七曰北斗第五廉貞星八曰北斗第六武曲星九曰北斗第七破軍星而尊帝二星又化爲輔弼在破軍之旁隱而不見皆高居紫微垣以主宰天地化育萬物者也前賢所論

畧同義亦詳明而用訣獨秘余讀易而悟挨星圖與先後天卦位絲毫不爽蓋有會於老少陰陽對待流行之妙非臆度也蔣杜陵謂挨星訣非人不傳古今知者不能幾人原起圖說之所由作也圖中獨出廉貞一星竊嘗思之河圖之數十五與十居中洛書之數九五亦居中則中五者故眞陰眞陽交媾之所也化機由此而出八方之氣由此而施九星何莫不然至其首貪之義自一九搆精先天眞陽之氣實居於此以坎中藏乾爻有此一爻而後君羣陰羣陽無不普遍此三卦之所以起於坎而貪狼一星為諸卦之統領故貪巨祿文廉武破輔弼皆卦爻父母子女相得自然之次序顛倒錯亂而愈井然非人所能造也然卦雖首貪九星各隸一位父母之爻也自二十四位觀之位位有九星位〻有父母一如經星之各著七政則由貪而起理有自然不容或誣故推原九星要位而父母之義益彰三卦之理益顯倒排之說為有據矣元空五行即九星五行蔣氏註青囊序謂楊公看雌雄之法皆從空處為眞龍

故立其名曰大元空此解極為明確而穿鑿附會者殊為多事亦實未能究其蘊耳

挨星作用

先天八卦查氣用於穴中後天八卦看形用於外象河圖辨陽陰之交媾洛書曰察甲運之興衰　乾老陽居正南坤老陰居正北離少陰居正東坎少陽居正西兑老陽居正東南艮老陽陰居正西北震少陰居正東北巽少陽居西南易曰天地定位山澤通氣雷風相薄水火不相射　乾兑出自老陽離震變自少陰坤艮成於老陰坎巽化自少陽　先天八卦老少陰陽三卦雙〻起有真陰〻真陽對待相配之妙故北方之山先天是坤南方有水先天是乾西方之山先天坎東方有水先天是離如此山水相見方為得配方是不失陽陰如老陰自北來或轉入東西少陰自東來或失入南北即為失配

即景純所謂縱橫橫縱陽陽陰陰之義
二十四山中四正之左皆陰四維之左皆陽陽左順行陰右逆轉隔四位而起父
母位〻有一父母如子午午子卯酉酉巽乾乾巽艮坤坤艮巳癸癸巳
寅辛辛寅乙申申乙丁亥亥丁甲未未甲丙戌戌丙庚丑丑庚壬辰辰壬顛
倒排之　自山之父母輪到向上　自向之父母輪到山上　自來水字之父母輪到
向上　自去水字之父母輪到坐山如山向是陽星則水之來去要陰星陰陽
以星論不以八卦支干論陰陽天卦者向上是也地卦者坐山是也
三大卦者天卦地卦人卦也其法以地卦為不可兼單用以天人兩卦
為可兼雙用壬丙甲庚丑未辰戌此八字皆向左行皆是四箇一
故天玉開章即曰江東一卦從來吉八神四箇一也子午卯酉乾坤艮巽俱
皆向右行此八正位一係四箇一也癸丁乙辛寅申巳亥八字皆向右行亦是四箇一也
而壬丙甲庚丑未辰戌為子午卯酉乾坤艮巽之逆子不與父母同行者

乙辛寅申巳亥為子午卯酉乾坤艮巽之順子與父母一路同行即八神四者二也逆子即是地元卦子午卯酉乾坤艮巽八正位為父母即天元卦順子食人元卦有順逆不同故有可兼不可兼之例夫可兼者天元與人元並用不可兼者地元獨用故子不兼地元之壬只兼人元之癸其用於坐與向及水之來去方位俱在天元八神位上即為合卦有一不在此八位上即為出卦人地兩元俱同此至子不兼壬乃舉一以例其餘其八可兼者固癸丁乙辛寅申巳亥又要先定父母又要子午卯酉乾坤艮巽去兼癸丁乙辛寅申巳亥而此八位卻不可去兼山父母父母可帶子息子息不可帶父母也再地元丑未辰戌固不可混入人元為用而乾坤艮巽之山向或水之來去卻在丑未辰戌上亦可用何也蓋乾坤艮巽為辰戌丑未之父母此即實照、辰戌丑未地元龍乾坤艮巽夫婦宗亦即天玉南北八神共一卦是天元能包人地能兼三卦之用若水來去在甲庚丙壬上則天元卻又不可兼用以其為子午卯酉之子不似長戌未丑為乾坤艮巽之子也或辰戌丑未子午卯酉之山向水之來去在甲庚丙壬亦自奇用若乾坤艮巽之山向要子午卯酉來去之水子午卯酉之山向要乾坤艮巽來去之水乙辛丁癸之山向要寅申巳亥來去之水寅申巳亥之山向要乙辛丁癸來去之水此固一定正理若乾坤艮巽之山向兼寅申巳亥不得兼子午卯酉來去之水即得乙辛丁癸來去之水亦為可用子午卯酉山向兼乙辛丁癸不得乾坤艮巽來去之水即得寅巳亥來去之水亦為可用至於甲庚丙壬辰戌丑未地元卦定是獨用不可兼天人兩元故此王卦總要干向支水支向干水方合天玉挨加之法雙雙起者以甲庚丙壬乾坤艮巽寅申巳亥為陽神出脈卻放在水上以子午卯酉乙辛丁癸長戌丑未為陰神出脈放在山上名為順子一局之一起以子午卯酉乙辛丁癸長戌丑未是陰神出脈放在水上以甲庚丙壬乾坤艮巽寅申巳亥是陽神出脈放在山上名為逆子一局之一起此一山兩用四十八局

此四十八局即雙雙起始合青囊陽用陰朝陰用陽應顛倒之義龍平洋並用此法

用盤以先天為體後天為用宿度叶乎推擇九星詳乎風水河圖辨於交媾洛書察其興衰其義足括其全體矣而於七十二龍平分六十龍盈縮六十龍均係不經故七十二有順排雜排之異後又以壬子同宮為天盤子癸同宮為人盤謂天盤已至之氣當用消水人盤未至之氣當用撥砂更有無學之徒術稱奇怪以天盤為動論陽宅以地盤為靜論陰宅殊為可叱然天地人三才合則人方得五行之全而福應之來如響斯應然

水口說

易曰一陰一陽之謂道地理陰陽之一端也得其道則陰陽相見福祿永貞失其道則陰陽相乘禍咎踵門世之習此者莫不言出於河洛及叩其

河洛之理則茫乎莫應余讀蔣氏書其理正大不似形家者言然義極深醇語多元奧至四大水口楊公秘而不宣蔣氏辨駁玉尺因論及之謂出於黃石青囊昔圖南先生著有闔闢水法倡明八卦之理而其書絕不可得因思陽奇陰耦一闔一闢而後萬物生生不息邵子謂天根月窟常來在三十六宮都是春道家謂元關一竅皆指此也易曰太極生兩儀兩儀生四象四象生八卦緣夫先天之氣乾坤一交而為坎離坎離再交仍為乾坤離得坤之氣而為天坎得乾之氣而為地兌出於乾而為澤艮出於坤而為山乾兌同為太陽坤艮同為太陰太陽太陰一交而水火風雷以生少陰生於太陽少陽生於太陰各成其對待之體而寓有流行之機後天八卦又以乾尅三男居於西北坤統三女位於西南先天後天一陰一陽分隸分方流行之中有對待焉於是子母分施各擅其化一奇一耦一闔一闢潛通默應不容勉強合以地理形勢而論山即是陰水即是陽自相配合以方位而論水亦有時而陰古

有時而陽故必未老少配合然後父母子女要歸一路元竅得以相通若有一毫之錯則闔者非闔闢者非闢而陰陽相乘矣試舉坎卦為例坎本老陰所變為少陽則離為正配不知此乃山之自為配非所論水也青囊序曰山上龍神不下水水裏龍神不上山蓋山自為山水自為水不容紊亂此必深明卦之旨而後可以話此三卦之理已於挨星說中微露一斑特水口未經昔賢剖破意謂乾兌同出於老陽坤艮同出於老陰而水口之配合可求矣此即天一卦之理蔣氏註天玉自庫借庫而指為出卦不出卦蓋指此也

編號	書名	作者	備註
占筮類			
1	擲地金聲搜精秘訣	心一堂編	沈氏研易樓藏稀見易占秘鈔本
2	卜易拆字秘傳百日通	心一堂編	
3	易占陽宅六十四卦秘斷	心一堂編	火珠林占陽宅風水秘鈔本
星命類			
4	斗數宣微	【民國】王裁珊	民初最重要斗數著述之一；未刪改本
5	斗數觀測錄	【民國】王裁珊	失傳民初斗數重要著作
6	《地星會源》《斗數綱要》合刊	心一堂編	失傳的第三種飛星斗數
7	《斗數秘鈔》《紫微斗數之捷徑》合刊	心一堂編	珍稀「紫微斗數」舊鈔秘本
8	斗數演例	心一堂編	
9	紫微斗數全書（清初刻原本）	題【宋】陳希夷	斗數全書本來面目；有別於錯誤極多的坊本
10-12	鐵板神數（清刻足本）——附秘鈔密碼表	題【宋】邵雍	無錯漏原版秘鈔密碼表　首次公開！
13-15	蠢子數纏度	題【宋】邵雍	蠢子數連密碼表打破數百年秘傳　首次公開！
16-19	皇極數	題【宋】邵雍	清鈔孤本附起例及完整密碼表研究神數必讀！
20-21	邵夫子先天神數	題【宋】邵雍	附手鈔密碼表研究神數必讀！
22	八刻分經定數（密碼表）	題【宋】邵雍	皇極數另一版本；附手鈔密碼表
23	新命理探原	【民國】袁樹珊	子平命理必讀教科書！
24-25	袁氏命譜	【民國】袁樹珊	
26	韋氏命學講義	【民國】韋千里	民初二大命理家南袁北韋
27	千里命稿	【民國】韋千里	北韋之命理經典
28	精選命理約言	【民國】韋千里	
29	滴天髓闡微——附李雨田命理初學捷徑	【民國】袁樹珊、李雨田	命理經典未刪改足本
30	段氏白話命學綱要	【民國】段方	民初命理經典最淺白易懂
31	命理用神精華	【民國】王心田	學命理者之寶鏡

編號	書名	作者	說明
32	命學探驪集	【民國】張巢雲	發前人所未發 稀見民初子平命理著作
33	澹園命談	【民國】高澹園	
34	算命一讀通——鴻福齊天	【民國】不空居士、覺先居士合纂	
35	子平玄理	【民國】施惕君	
36	星命風水秘傳百日通	心一堂編	
37	命理大四字金前定	題【晉】鬼谷子王詡	源自元代算命術
38	命理斷語義理源深	心一堂編	稀見清代批命斷語及活套
39-40	文武星案	【明】陸位	失傳四百年《張果星宗》姊妹篇　千多星盤命例　研究命學必備
相術類			
41	新相人學講義	【民國】楊叔和	失傳民初白話文相術書
42	手相學淺說	【民國】黃龍	民初中西結合手相學經典
43	大清相法	心一堂編	重現失傳經典相書
44	相法易知	心一堂編	
45	相法秘傳百日通	心一堂編	
堪輿類			
46	靈城精義箋	【清】沈竹礽	沈氏玄空遺珍 玄空風水必讀
47	地理辨正抉要	【清】沈竹礽	
48	《玄空古義四種通釋》《地理疑義答問》合刊	沈瓞民	
49	《沈氏玄空吹虀室雜存》《玄空捷訣》合刊	【民國】申聽禪	
50	漢鏡齋堪輿小識	【民國】查國珍、沈瓞民	
51	堪輿一覽	【清】孫竹田	失傳已久的無常派玄空經典
52	章仲山挨星秘訣（修定版）	【清】章仲山	章仲山無常派玄空珍秘 門內秘本首次公開 沈竹礽等大師尋覓一生末得之珍本！
53	臨穴指南	【清】章仲山	
54	章仲山宅案附無常派玄空秘要	心一堂編	
55	地理辨正補	【清】朱小鶴	玄空六派蘇州派代表作
56	陽宅覺元氏新書	【清】元祝垚	簡易・有效・神驗之玄空陽宅法
57	地學鐵骨秘　附　吳師青藏命理大易數	【民國】吳師青	釋玄空廣東派地學之秘
58-61	四秘全書十二種（清刻原本）	【清】尹一勺	玄空湘楚派經典本來面目 有別於錯誤極多的坊本

編號	書名	作者	說明
91	地學形勢摘要	心一堂編	形家秘鈔珍本
92	《平洋地理入門》《巒頭圖解》合刊	【清】盧崇台	平洋水法、形家秘本
93	《鑒水極玄經》《秘授水法》合刊	【唐】司馬頭陀、【清】鮑湘襟	千古之秘，不可妄傳匪人
94	平洋地理闡秘	心一堂編	雲間三元平洋形法秘鈔珍本
95	地經圖說	【清】余九皋	形勢理氣、精繪圖文
96	司馬頭陀地鉗	【唐】司馬頭陀	流傳極稀《地鉗》
97	欽天監地理醒世切要辨論	【清】欽天監	公開清代皇室御用風水真本
三式類			
98-99	大六壬尋源二種	【清】張純照	六壬入門、占課指南
100	六壬教科六壬鑰	【民國】蔣問天	由淺入深，首尾悉備
101	壬課總訣	心一堂編	過去術家不外傳的珍稀六壬術秘鈔本
102	六壬秘斷	心一堂編	
103	大六壬類闡	心一堂編	
104	六壬秘笈——韋千里占卜講義	【民國】韋千里	六壬入門必備
105	壬學述古	【民國】曹仁麟	依法占之，「無不神驗」
106	奇門揭要	心一堂編	集「法奇門」、「術奇門」精要
107	奇門行軍要略	【清】劉文瀾	條理清晰、簡明易用
108	奇門大宗直旨	劉毗	天下孤本 首次公開 虛白廬藏本《秘藏遁甲天機》奇門不傳之秘 應驗如神
109	奇門三奇干支神應	馮繼明	
110	奇門仙機	題【漢】張子房	
111	奇門心法秘纂	題【漢】韓信（淮陰侯）	
112	奇門廬中闡秘	題【三國】諸葛武侯註	
選擇類			
113-114	儀度六壬選日要訣	【清】張九儀	清初三合風水名家張九儀擇日秘傳
115	天元選擇辨正	【清】一園主人	釋蔣大鴻天元選擇法
其他類			
116	述卜筮星相學	【民國】袁樹珊	民初二大命理家南袁北韋 南袁之術數經典
117-120	中國歷代卜人傳	【民國】袁樹珊